# 인공지능과 언어 윤리

## 인공지능총서

인공지능 시대입니다. 기계가 인간의 인지를 대신하고, 사물이 인간을 통하지 않고 다른 사물과 직접 커뮤니케이션합니다. 이에 따른 인간 삶과 문명 변화를 정확히 이해 · 예측 · 대응하는 것은 이 시대 우리 모두의 과제입니다. 인공지능총서는 인공지능 기술과 환경의 여러 주제를 10가지 키워드로 정리합니다. 관련 개념과 이론, 학계와 산업계의 쟁점, 우리 일상의 변화를 다룹니다. 인간과 기술의 현재, 미래를 세심히 분석합니다.

## 일러두기

- 인명, 작품명, 저서명, 개념어 등은 한글과 함께 괄호 안에 해당 국가의 원어를 병기했습니다.
- 외래어 표기는 현행 어문규정의 외래어표기법을 따랐습니다. 다만 '딥러닝' 등은 관행을 따랐습니다.

처음이세요?

전문가세요?

# 인공지능과 언어 윤리

남길임·송현주

대한민국, 서울, 커뮤니케이션북스, 2025

**인공지능과 언어 윤리**

지은이 남길임·송현주
펴낸이 박영률

초판 1쇄 펴낸날 2025년 11월 5일

커뮤니케이션북스(주)
출판 등록 2007년 8월 17일 제313-2007-000166호
02880 서울시 성북구 성북로 5-11
전화(02) 7474 001, 팩스(02) 736 5047
commbooks@commbooks.com
www.commbooks.com



ISBN 979-11-430-1294-4 03500

책값은 뒤표지에 표시되어 있습니다.

# 차례


인공지능 시대의 언어 xi

01 인공지능 시대에 언어 윤리성은 왜 중요한가? 1

02 비윤리적 표현이란 무엇인가? 9

03 비윤리적 표현의 유형 19

04 비윤리적 표현과 독자 인공지능 29

05 비윤리적 표현의 맥락 의존성과 주관성 39

06 비윤리적 표현의 단위와 식별의 쟁점 47

07 메신저의 비윤리적 표현 55

08 방송의 비윤리적 표현 63

09 비윤리적 표현과 사전 71

10 비윤리적 표현을 어떻게 교육할까? 81

# 인공지능 시대의 언어

인공지능 시대에 인간 언어의 창조성을 인간 고유의 특성으로만 볼 수 있을까? 대규모 데이터의 패턴만을 모방할 뿐이라는 '확률론적 앵무새(stochastic parrot)'라는 비판(Bender et al., 2021)과 지식의 '창발성(emergence)'에 대한 논의(Wei et al., 2022; Berti et al., 2025 등) 모두 인공지능의 언어 능력이 윤리적 문제에서 자유롭지 않음을 시사한다. 전자는 데이터 문서화의 부재, 즉 학습 데이터의 출처와 구성이 명확히 문서화되지 않았다는 점에서, 후자는 학습한 데이터로부터 인간이 의도하지 않은 비윤리적 표현의 등장을 예측할 수 없다는 점에서 여전히 우려의 요소가 있다.

대용량 학습 데이터에 기반한 인공지능의 생산성과 파급력을 고려할 때, 언어학자의 관점에서 인공지능이 '창조'하는 언어의 속성, 언어 윤리성의 개념, 그리고 비윤리적 표현의 유형 · 범위 · 사례를 논의할 필요가 있다. 이에 본서는 인공지능의 언어 윤리에 관심을 가지는 일반 독자를 포함하여, 혐오와 차별 표현 교육에 관심 있는 교사, 부적절한 표현의 비식별화 문제에 대응하고 있는 인공지능 개발자 및 차별과 혐오 표현을 포함한 우리 사회의 비윤리적 표현에 관심이 있는 다양한 연구자들을 위해 기획되었다.

온라인상에서 사용되는 욕설, 비속어, 차별과 혐오 표현과 같은 비윤리적 표현은 사전에 등재되지도 않고 어휘 데이터로서 관리되지 않은 쓰레기 언어 자원으로 인식되어 왔다. 그러나 인공지능 개발과 거대 언어 모델(LLM, Large Language Model)이 대규모 웹 자원을 학습 데이터로 활용하게 됨에 따라, 학습 데이터로서의 언어 자원의 적절성과 문서화가 중요한 이슈로 대두되었다. 여기서 특히 중요한 것은 접근 가능한 온라인 데이터에 산재한 비윤리적 표현이 인공지능에 학습될 가능성이고, 이를 예방하거나 적절히 탐지할 수 있는 데이터 관리와 정책 수립이 필요한 시점이 되었다는 점이다. 최근 언어학 연구 역사상 그 어느 때보다 욕설, 비속어 등을 비롯한 부적절한 표현에 대한 논문이 쏟아져 나오고 있는 것도 이러한 현상과 깊은 관련이 있다. 본서는 언어학, 언어공학, 교육학의 관점에서 그간 논의되어 온 언어 윤리성(language ethics), 비윤리적 표현에 대한 논의 현황과 응용 분야에서의 쟁점을 소개한다. 또한 한국어 학습 데이터의 구축과 활용에서 대두되는 언어의 윤리적 문제와 윤리성 판단의 쟁점, 사용역별 비윤리적 표현의 특성, 교육 문제 등을 논의하고자 한다.

## 인공지능의 비윤리적 언어 사용

챗봇 테이(Tay)의 비윤리적 언어 사용 사건은 우리에게 시사하는 바가 있다. 2016년 3월 23일에 공개된 트위터 챗봇 테이는 공개 16시간 만에 인종 차별, 성차별, 혐오 발언을 무차별적으로 게시하는 일이 발생하여 서비스가 긴급 중단되었다. 이는 비윤리적 표현에 대한 비식별화 장치가 충분히 마련되지 않은 상태에서 사용자들이 의도적으로 인종 차별적 혐오 발언을 입력하고, 테이가 트위터 이용자의 발화를 실시간으로 학습해 반복 · 모방하는 방식으로 퍼뜨린 것이 원인이 되었다. 또한 개발 당시 학습 데이터와 알고리즘에 대한 사전 검증 및 윤리적 필터가 충분히 마련되지 않았던 것 역시 문제의 원인이 되었다.

국내에서도 2020년 12월 말 출시된 페이스북 메신저 기반 챗봇인 '이루다'가 "레즈비언은 싫어. 다 혐오스러워, 장애인은 못생기고 멍청해, 흑인은 냄새나" 등과 같은 성소수자, 장애인, 외국인 등에 대한 혐오 · 비하 표현을 출력해 큰 논란이 되었으며, 2021년 1월 12일에 서비스가 중단되었다.

이들 사건은 인공지능 개발에서 고려해야 할 다양한 문제에 대해 인식하게 해 주었다. 특히 윤리적 언어 사용과 관련하여 인공지능이 실제 데이터를 학습할 때 비윤리적인 표현에 대한 선제적 필터링이 필수이며, 언어 윤리성의 개념 및 유형에 대한 논의가 필요할 뿐만 아니라 윤리성 판단을 위해 문맥이나 사회 문화적 특성을 고려할 필요가 있음을 시사한다.

## 인공지능 시대의 언어 사용의 변화

챗지피티(ChatGPT), 제미나이(Gemini)를 비롯한 생성형 인공지능이 우리 일상으로 들어오고, 대화형 인공지능 시스템인 챗봇이 단순 질의응답 수준을 넘어 고객 서비스, 행정 · 공공 서비스, 교육 · 상담 등의 영역에서 널리 사용되고 있다. 뿐만 아니라, 최근에는 인공지능의 번역 품질이 인간 수준에 근접했다는 평가를 받고 있으며 뉴스 기사, 실시간 회의, 다국어 콘텐츠 번역 등에서도 번역 속도나 비용 면에서 점점 더 유리해지고 있다.

이처럼 인공지능이 우리의 일상으로 깊숙이 들어와 있다는 점을 고려할 때, 인공지능이 사용하는 언어는 단순 의사소통을 넘어 사회적 가치와 책임을 갖는 매체로 바라볼 필요가 있다. 인공지능은 수많은 사용자와 동시에 상호 작용하며 이들이 사용하는 언어는 빠른 속도로 널리 확산된다. 따라서 인공지능이 사회적 편견과 혐오 표현을 생산할 때 그 파급력은 인간의 면 대 면 대화나 온라인상의 대화를 통한 생산보다 더 강력한 힘을 갖는다고 할 수 있다. 또한 인공지능이 오류 없이 올바른 답을 제공할 것이라는 믿음을 갖고 있는 사용자는 이러한 비윤리적 표현 사용을 정당화할 위험에 빠질 수 있다.

언어는 인간을 동물과 구분하는 가장 중요한 척도이며, 인간은 어떤 언어를 사용하는지에 따라 자신의 정체성과 사회적 삶에 영향을 주고받는다. 지금까지는 주로 인간과 인간의 관계에서 이런 영향을 받았으나, 이제는 인간 못지않은 유창성을 지닌 인공지능이 인간에게 심리적, 정서적 영향을 미치게 되었다. 따라서 인공지능이 생산하는 언어는 인간의 언어를 단순히 모방한 단어의 연속이 아니라 학습 데이터에 따라 특정 집단에 유리하거나 불리하기도 하고, 편견과 혐오, 존중과 배제를 암시하거나 조장하는 사회적 행위라는 점을 인식할 필요가 있다. 따라서 인공지능이 안전하고 신뢰할 수 있는 언어를 생성하고, 비윤리적인 언어를 사용하지 않을 수 있도록 인공지능 개발자와 언어학자 및 다양한 학문 분야 연구자들의 협업이 필요하다.

## 인공지능의 언어 윤리성

인공지능의 확산에 따라 언어학을 비롯한 다양한 학문 분야에서 비윤리적 표현은 매우 중요한 문제로 부각되고 있다. 인공지능의 언어 윤리성은 특정 사회, 문화, 역사적 맥락 속에서 기계의 언어 창조성을 사람이 마땅히 지켜야 할 도리에 부합하는 방식으로 사용하는 것이라고 할 수 있겠다.

비윤리적 언어는 욕설, 비속어, 은어를 포함하여 상대에 대한 공격적인 표현, 차별과 혐오 표현, 타인에 대한 배제와 편견을 재생산하는 언어를 포괄하는 개념으로 정의할 수 있다. 그러나 인공지능의 언어 윤리성은 단순히 모욕적이거나 혐오적인 표현을 하지 않는 것에 그치지 않는다. 그것은 사실성과 공정성, 맥락 인식 능력, 문화적 다양성 존중을 포함하는 언어적 신뢰성의 문제다.

## 비윤리적 표현 탐지의 어려움

인공지능에 기반한 자동화된 혐오 발화 판별이 초기에는 이진 분류(혐오/비혐오의 구분)에 국한되었으나, 최근에는 다중 범주로 분류되어 혐오 발화가 다양한 감정·맥락과 연결됨을 반영하는 추세다. 즉, 전통적 사전 기반 혐오 발화 판별 등 NLP 기법에 더해 머신러닝 기반 자동화 기법이 발전하고 있고, 최근에는 딥러닝 기법(Word Embeddings, RNN, LSTM, Transformer 등)을 활용하여 언어적 패턴을 정교하게 학습·분류하는 연구가 주목받고 있다. 그러나 페레이라 외(Pereira et al., 2024)에서는 이러한 인공지능의 비윤리적 언어 사용 탐지에 대한 기술적 발전에도 불구하고, 여전히 비윤리적 표현을 식별하는 것은 쉽지 않다는 점을 지적하고 있다.

비윤리적인 언어는 사회 문화적 맥락에 따라 판단이 달라질 수 있기 때문에 범주화가 쉽지 않다. 또한 은유나 농담 등은 자동으로 식별하기 어려우며, 사용자가 형태를 바꾸거나 공백을 이용하는 등 탐지를 회피하기 위한 다양한 전략을 사용할 때 이러한 변수를 모두 통제하거나 포착하는 것은 어려운 문제다. 또 특정 형태나 단어를 기준으로 할 경우 단순히 자신의 감정을 강하게 표현하기 위한 것인지, 상대를 향한 공격이나 혐오의 발언인지 구분하기 어려운 때도 있다.

특히 비윤리적 표현이 "무슬림 사원 앞에 삼겹살 거리 만들면 되겠네", "동남아처럼 생겼네"에서처럼 특별한 욕설이나 비속어, 단어 차원의 부적절한 표현은 포함하지 않지만 비명시적으로 나타날 경우, 인공지능 모델은 이들 표현의 비윤리성을 탐지하는 데 어려움을 겪는다. 또한 "대구 날씨가 매우 덥다"와 달리 대구에서 일어난 특정한 성격의 범죄에 대해 "대구가 대구했네"라고 할 경우, 이 맥락에서 사용된 '대구하다'는 대구 지역 또는 대구 지역민에 대한 혐오를 표현한다. 이와 같이 맥락에 따라 비윤리성에 대한 판단이 달라질 경우, 인공지능은 비윤리적 표현의 식별에 실패할 가능성이 매우 높다.

이와 관련하여 박은아 · 송상헌(2025), 성민규 외(Sung et al., 2025) 등에서는 그간 충분히 연구되지 못했던 맥락 의존적 혐오 표현 데이터 세트를 구축하고 이를 탐지할 수 있는 능력을 평가한 바 있는데, 이 과정에서 언어 모델이 고맥락적 혐오 표현, 비명시적 혐오 표현, 혐오적 은어 등을 제대로 이해하지 못하거나 대항 표현을 오분류하는 경향이 발견되었다.

## 언어 변화를 고려한 인공지능 개발의 필요성

인공지능이 생성하는 비윤리적인 표현을 식별하고 교정하기 위해서는 인공지능 모델들의 언어 윤리성에 대한 평가 도구가 필요하다. 인공지능의 언어 윤리성을 평가하기 위한 벤치마크는 욕설, 비속어, 은어 목록을 넘어 해당 언어가 속한 사회 · 문화권의 규범과 가치 및 실제 사용 맥락을 충실히 반영할 필요가 있다. 이러한 점을 고려하여 인공지능이 어떤 유형의 비윤리적 표현을 얼마나 생성하거나 식별할 수 있는지 평가할 수 있는 평가 문항과 지표를 포함해야 한다.

언어는 시간이 흐르면서 변화하며, 특히 혐오 표현과 같은 비윤리적인 표현은 더욱 빠르게 변하는 특성이 있다. 이러한 언어 변화는 보나벤투라 외(Di Bonaventura et al., 2025)의 지적대로 NLP 모델의 학습뿐 아니라 벤치마크 평가에도 영향을 줄 수 있으며, 기존의 혐오 표현 벤치마크는 대부분 고정되어 있어 언어 변화를 반영하지 못한다는 문제가 있다. 따라서 윤리적인 언어 표현을 담은 인공지능 개발을 위해서는 비윤리적 표현을 식별하는 모델을 설계할 때 시간에 따른 언어 변화를 고려할 필요가 있으며, 언어 변화와 관련된 비윤리적 표현에 담긴 언어 감수성과 사회 문화적 맥락을 반영하는 것이 중요하다.

## 이 책의 구성

이 책은 모두 10개의 장으로 구성되며, 각 장의 구성은 다음과 같다. 1~3장에서는 인공지능 시대의 언어 윤리의 필요성과 비윤리적 표현의 정의·유형을 제시하였고, 4~6장에서는 한국어라는 특수 맥락 속에서 발생하는 표현의 맥락 의존성과 식별 문제를 다루었다. 7장과 8장에서는 실제 매체별로 드러난 비윤리적 언어 사례를 중심으로 그 특성을 분석하였고, 9장에서는 언어 자원 구축 과정에서 비윤리적 표현 처리의 문제에 대한 사전학적 접근을, 10장에서는 미래 세대를 위한 언어 윤리 교육을 제안했다. 각 장의 내용을 구체적으로 살펴보면 다음과 같다.

1장에서는 인공지능 시대에 언어 윤리의 중요성에 대해 살펴본다. 먼저 인공지능 시대의 인간 언어의 창조성과 기계의 창조성에는 어떤 차이가 있는지를 확인하고, 학습 데이터에 기반하여 생성되는 기계적 창조성은 인간 언어의 창조성과 달리 의도나 맥락, 윤리적 인식을 갖지 않으며 파급 효과는 우리가 예상할 수 있는 범위를 뛰어넘는다는 점을 지적한다. 실제 운영에서는 한국 문화와 맥락, 한국어 감수성을 반영한 학습 데이터와 도구가 필요함을 강조한다.

2장에서는 비윤리적 표현의 개념에 대해 살펴본다. 최근 들어 비윤리적 표현에 대한 관심이 어느 때보다 높아지고 있지만, 언어 윤리성을 정의하고 그 속성에 대해 간단히 설명하는 것은 여전히 어렵다. 특히 인공지능의 언어 윤리성 확보를 위한 벤치마크 개발은 욕설이나 비속어 목록을 넘어 사회 문화적 규범과 가치, 사용 맥락 등을 반영한 평가 문항과 지표를 포함해야 하며, 이 과정에서 언어학을 비롯한 인문학의 역할이 중요함을 지적한다.

3장에서는 비윤리적 표현의 유형에 대해 살펴본다. 윤리적이고 책임감 있는 인공지능 개발을 위해서는 비윤리성 판단 기준과 함께 해당 유형에 대한 특성과 사례 확보가 필요하다. 비윤리적 표현은 기능, 의미, 의도, 가치 등의 기준에 따라 다양한 분류가 가능하며, 부적절한 표현 및 혐오 표현의 유형과 사례를 구체적으로 살펴본다.

4장에서는 한국어 비윤리적 표현이 갖는 특성과 독자 인공지능의 쟁점에 대해 살펴본다. 언어 윤리에 대한 기준은 시대, 문화, 사용 맥락 그리고 언어 사용자의 인식에 따라 달라지므로 실제 한국어에서 나타나는 비윤리적 표현의 하위 유형과 범주, 사용 빈도에는 차이가 있다. 따라서 한국어의 언어적 특성과 사회 문화적 맥락을 반영한 비윤리적 표현의 분류 및 비식별화의 기준 마련은 인공지능 개발에서 반드시 고려되어야 함을 강조한다.

5장에서는 비윤리적 표현의 식별과 관련해서 표현의 맥락 의존성과 주관성에 대해 살펴본다. 인공지능 개발 과정에서 해당 표현의 맥락 의존성, 언어 감수성, 판단의 주관성 등을 고려하지 않고 단순히 형태를 기준으로 하여 비윤리적인 표현을 비식별화하는 것은 문제가 될 수 있다. 비윤리성 여부는 사용 맥락이나 시대, 집단, 개인에 따라 판단이 달라질 수 있으며 비명시적인 방식으로 표현되기도 한다. 구체적인 사례를 통해 맥락 의존성과 주관성을 갖고 있는 표현에 대한 윤리성 여부를 점검해 본다.

6장에서는 비윤리적 표현의 단위와 식별의 쟁점에 대해 살펴본다. 단어 중심의 식별은 한계가 있으며, 구 단위의 비윤리성에 대한 판별은 일정한 목록으로 관리하기 어렵다. 또한 비명시적이거나 반어적인 표현은 대부분의 거대 언어 모델에서도 탐지에서 매우 낮은 정확도를 보인다. 비윤리적 표현에 대한 비식별화는 데이터 훼손을 최소화할 것인지, 학습용 데이터 구축을 위해 맥락을 충분히 포함하여 비식별화할 것인지 데이터 구축 목적에 따라 선택될 수 있을 것이다.

7장과 8장은 사용역별 비윤리적 표현의 사용 양상에 대해 살펴본다. 다양한 비윤리적 표현의 유형과 사용역에 따른 분포적 특성은 인공지능 학습용 데이터 구축에서 주요 쟁점이 된다. 7장에서는 사적이면서 구어를 문자화한 것이라는 특징이 있는 매체인 메신저 대화를, 8장에서는 공적인 구어로 심의 절차를 포함하고 있는 방송 대화를 대상으로 하여 그 차이를 살펴본다. 먼저 7장에서는 특별히 차별과 혐오 표현을 중심으로 메신저에 나타난 비윤리적 표현을 살펴보고, '인종/국가, 성별'과 관련된 차별과 혐오 표현이 집중되어 있음을 확인한다.

8장에서는 방송은 공공성이 높은 매체이므로 비윤리적 표현의 사용량이 메신저에 비해서 현저히 적고, 사용할 경우라도 원래의 형태를 변형해서 사용하며, 발화자가 직접적으로 비윤리적 표현을 사용하기보다는 타자의 말을 인용하여 쓰는 경향이 있음을 확인한다.

9장에서는 사전 편찬의 관점에서 비윤리적 표현에 대해 살펴본다. 사전은 인공지능 학습용 데이터를 구축하거나 인공지능이 비윤리적 표현을 탐지하는 데 명시적인 근거를 제공한다. 그러나 단어 단위의 구조를 가지는 전통 사전학의 구조와 국내 사전이 갖고 있는 보수성과 규범성을 고려할 때, 사전이 비윤리적 표현의 식별을 위한 주요 자원이나 기준이 될 수 있는지에 대한 고민이 필요하다. 인공지능 시대에 사전이 비윤리적 언어 탐지와

윤리적 인공지능에 기여하기 위해서는 표제어를 확충하고, 비윤리적 표현에 대한 정보를 충분히 제공할 필요가 있음을 강조한다.

마지막으로 10장에서는 비윤리적 표현의 교육에 대해 살펴본다. 국민의 대다수가 혐오 표현을 심각한 문제로 인식하고 있으며, 보다 적극적으로 비윤리적 표현에 대한 교육을 실행할 필요가 있다. 사회과에서는 사회적 현안의 하나로 혐오 문제를 다루며 그 과정에서 차별과 혐오 표현을 다루고 있다. 국어과에서는 차별적 표현, 편견 및 고정 관념을 유발하거나 사실을 왜곡하는 표현, 갈등을 조장하거나 강화하는 표현, 차별 · 혐오 표현을 교육하고 있다.

혐오 표현을 포함한 비윤리적 표현에 대한 논의는 다양한 학문 분야에서 활발하게 진행되고 있으나 본서에서는 인공지능 개발과 학습 데이터, 한국어의 특성에 주목하여 언어학자의 관점에서 비윤리적 표현에 대해 살펴보았다. 지면의 제약으로 인해 인공지능 개발과 비윤리적 표현에 대한 국내외 학계의 다양한 논의를 모두 포함하지는 못하였으나, 인공지능과 언어 윤리에 관해 독자에게 가장 유용하다고 판단한 주제 10가지를 엄선했다.

인공지능의 일상화에 따라 국제적으로도 생성 결과에

대한 책임성, 생성 결과의 정확성과 검증 가능성, 사용 여부에 대한 투명성 등이 핵심적인 과제로 떠오르고 있다. 본서가 인간과 인공지능이 공존하는 시대에 언어를 통해 더 윤리적이고 포용적인 소통 문화를 확산하고, 인공지능 개발과 사용 과정에서 사회적 수용성과 공공성 확보에 기여할 수 있기를 바란다.

### 참고문헌


박은아·송상헌(2025). "KOCOH: 맥락 의존적 혐오 표현 탐지를 위한 데이터 세트". 《한국어학》, 106, 251~277쪽.

Bender, E. M. et al.(2021). On the dangers of stochastic parrots: Can language models be too big? In Proceedings of the 2021 ACM conference on fairness, accountability, and transparency, pp.610~623.

Berti, L. et al.(2025). Emergent abilities in large language models: A survey. arXiv:2503.05788.

Di Bonaventura, C. et al.(2025). Hatevolution: What static benchmarks don't tell us. arXiv. https://arxiv.org/abs/2506.12148

Pereira, R. et al.(2024). Minimizing Hate Speech in Academic Environments with Artificial Intelligence Techniques. *Regulating Hate Speech Created by Generative AI*, pp.151~164. Auerbach Publications.

Sung, M. et al.(2025). Can large language models understand sarcastic hate speech? An experimental study on detecting sarcastic hate speech targeting Muslims in Korean. In

Proceedings of Corpus Linguistics Conference 2025. Birmingham. UK.

Wei, J. et al.(2022). Emergent abilities of large language models. arXiv:2206.07682.

## 01
# 인공지능 시대에 언어 윤리성은 왜 중요한가?

언어는 인간을 인간이 아닌 동물과 구분하는 가장 중요한 척도다. 그러나 오늘날 인공지능은 인간 못지않은 유창성으로 언어를 창조한다. 다만 인간 언어의 창조성과 기계의 창조성에는 차이가 존재하는데, 기계는 대규모 학습 데이터의 통계적 모델을 통해 유창함을 모사한다는 점이다. 학습 데이터의 편향성과 문서화 부재는 오늘날 인공지능 언어 윤리의 핵심적 문제다.

기후 위기와 인공지능?

## 인공지능 시대, 언어의 창조성

언어는 인간을 인간이 아닌 동물과 구분하는 가장 강력한 척도다. 그리하여 인간 언어의 핵심을 이루고 있는 언어의 '창조성'에 대한 논의는 언어학자들에게 가장 중요한 주제이자 흥미로운 대상이다. 유한한 규칙으로 무한한 문장을 생성하는 문법적 창조성, 소수의 문학가들이 관습을 비틀어 새로운 결합을 창조하는 문학적 창조성, 신어와 의미 확장으로 어휘를 갱신하는 어휘적 창조성, 이 세 축이 인간 언어의 의사소통을 유지하며 동시에 언어의 진화를 가능하게 한다. 이러한 무표적이거나 유표적이기도 한 언어 창조성을 통해 인간은 의미를 주고받고 감정을 공유하며 더 나아가 역사와 문화를 발전시켜 왔다고 할 수 있다.

그러나 인공지능과의 의사소통 또한 상당한 비중을 차지하는 오늘날, 언어를 인간의 전유물로만 볼 수 있을까? 거대 언어 모델은 대규모 데이터와 확률 모델을 통해 언어를 해석하고 생성하므로 인간만이 창조했던 언어의 영향력이 기계의 영역으로도 확장되었다고 할 수 있다. 기계는 인간과 비교할 수 없을 만큼 빠른 속도로 엄청난 양을 매 순간 생성하며, 이들이 생성한 데이터는 곧 인간이 생산한 데이터의 양을 뛰어넘을 것이다.

언어 창조성의 측면에서 인간과 기계는 무엇이 다를까? 거대 언어 모델은 방대한 말뭉치의 통계적 구조를 학습해 텍스트를 해석하고, 프롬프트에 따라 응답을 생성하기도 한다. 심지어 새로운 단어나 순화어를 만들어 달라는 요청에도 신어 형태들을 제안하는데, 이러한 제안 또한 잠재적인 신어로 평가할 수 있을 만큼 매우 그럴듯하기도 하다. 이러한 인공지능이 가진 언어의 창조성을 '기계의 창조성'이라고 할 때, 기계의 언어 창조성은 대규모 말뭉치의 학습과 통계적 패턴에 의해서만 작동한다는 점에서 근본적으로 다르며, 여기에 인공지능 시대 언어 윤리성의 쟁점이 있다.

## 기계의 창조성과 언어 윤리의 문제

일찍이 인공지능을 "확률적 앵무새(stochastic parrots)"라 명명하며 인공지능의 위험을 예고한 벤더 외(Bender et al., 2021)에서는 거대 언어 모델이 불투명한 대규모 데이터를 학습함으로써 생기는 편향성과 비윤리성의 원인을 다음 세 가지에서 찾고 있다. ① 인터넷 언어 사용자 대다수가 젊은 세대나 선진국에 편중되어 있다는 데이터 생산자의 문제, ② 데이터 수집 단계에서 발생하는 대표성의 결여와 크롤링 편향성의 문제, ③ 최종 필터링

단계에서의 불투명한 정책이나 휴리스틱(heuristics)의 부정확성의 문제가 그것이다. 이 중 두 번째 문제는 인공지능이 학습한 데이터를 아무도 모른다는 점에서 '문서화 부채(documentation debt)'로 명명되기도 했다. 벤더 외에서는 이를 인공지능 모델에게 세상의 아름다움과 추함, 잔혹함을 모두 먹여 놓고 오직 아름다움만을 반영하길 기대하는 것은 환상이라는 비유적 표현으로 설명한다.

학습 데이터에 대한 명세가 없는 한 우리는 특정 집단의 이데올로기에 대한 편향, 사생활 침해 그리고 다수의 화자에 의해 생산되어 재생산 가능성이 높은 백인 우월주의, 여성 혐오, 소수자 인권 침해와 같은 비윤리적 언어의 폐해를 완벽하게 예방할 수는 없다. 물론 데이터 세트 구축 초기 단계에서부터 문서화 비용을 예산에 포함해, 예산 내에서 철저히 문서화할 수 있는 규모만큼의 데이터만 수집하는 것 등의 대안이 있을 수 있다. 하지만 현 시점에서 이 원칙이 산업 전반의 의무 기준으로 제도화되었다고 보기는 어렵고, 이런 제도가 존재한다고 하더라도 개발 기업의 관점에서 이를 준수하여 예산과 일정에 실제로 반영할지도 의문이다. 이러한 쟁점은 안나 코르호넨(Anna Korhonen) 교수가 "인공지능 시대 가장 큰 위험은 AI가 인류를 대체하는 것이 아니라 글로벌 불평등을 가속화하고 개인 정보(privacy)의 위험을 증가시킬 가능성이다"라고 언급한 대목에서도 드러난다(Woodward, 2023).

요컨대 기계가 창조하는 언어는 대규모 데이터의 속성과 직결된 '학습 데이터' 자체의 본질적인 문제를 지닌다. 이러한 한계는 "누가 말하고, 무엇을 모으고, 어떻게 거르는가"라는 데이터 구축의 전 과정이 투명한 절차와 단계를 거칠 수 없다는 점에서 발생한다. 기계적 창조성은 인간 언어의 창조성과 달리 의도나 맥락이나 윤리적 인식을 가지지 않으며 언제 어디서나 왕성한 생산성을 보인다. 따라서 인공지능이 창조한 텍스트나 음성 데이터의 파급 효과는 우리가 예상할 수 있는 범위를 뛰어넘는다. 우리는 인공지능 시대에 이러한 기계적 창조성이 특정한 관점의 세계관에 편중될 가능성, 비윤리성과 차별을 재생산할 가능성을 반드시 고려하고 대비해야 한다.

## '언어 윤리'의 맥락성과 주관성, 그리고 한국어

학습 데이터의 출처를 명세화할 수 없다는 점, 즉 문서화 부채가 인공지능 언어 윤리성의 근원적인 원인이라면, 편향적이거나 부적절한 단어 목록을 중심으로 데이터를 정제하는 것, 즉 데이터 필터링은 이를 해결하기 위한 방편이 된다. 여기서 문제는 당초 학습 데이터 구성의 문제를 데이터 정제나 미세 조정(fine tuning)을 통해 완벽히 개선할 수 있는가 하는 점이다. 비윤리적이거나 외설적이거나 부적절한 단어 목록을 활용해 데이터를 정제하는 방식이 도입되기도 하지만 이러한 필터링의 정확성과 신뢰성이 충분히 검증되었는지는 의문이며, 개발자에 따라 특정 의도를 포함하거나 무시할 수 있는 위험은 여전히 존재한다.

언어 윤리성 해결의 핵심은 언어 윤리성에 대한 정답 혹은 기준을 단 하나의 원리로 설명하기 어렵다는 점에 있다. 언어 윤리는 시대적이고 문화 맥락적이며, 사용자의 경험이나 관점에 따라 상당히 달라지는 주관적인 개념이기 때문이다. 따라서 거대 언어 모델이 생성하는 텍스트의 적절성이나 편향에 대한 평가는 단일한 평가 기준보다는 특정 사회적 맥락과 가치, 다양한 관점을 고려해야 한다. 최근 독자 인공지능(sovereign AI)에 대한 국가적 관심이 높아지고 있는 상황에서, 비윤리적 언어에 대한 판단 역시 언어에 따라 달라진다는 점을 인식하는 것은 매우 중요하다.

결국 인공지능 시대의 언어 윤리 평가는 단일한 정답

을 찾는 일이 아니다. 시대성, 문화성, 맥락성, 사용자 측면을 고려한 기준을 마련하고 유연하게 운영할 필요가 있다. 윤리 기준은 기술 주기와 사회적 감수성의 변화에 맞춰 주기적으로 점검·개정되어야 하며, 한국어를 포함한 각 언어의 관습과 가치, 화자·청자 관계와 담화 상황에서 달라지는 미묘한 의미를 평가에 반영할 수 있는 방법을 고민해야 한다. 더 나아가 누가 데이터를 수집·가공·학습·배포하고 누가 영향을 받는지에 대한 책임의 배분을 명시하고, 데이터 출처·문서화·평가 절차를 공개하는 운영 체계가 필요하다. 과학기술정보통신부는 2020년 AI 윤리 기준을 발표하며 인간의 존엄성, 사회의 공공선, 기술의 합목적성 등 세 가지 원칙을 제시하고, ① 인권 보장, ② 프라이버시 보호, ③ 다양성 존중, ④ 침해 금지, ⑤ 공공성, ⑥ 연대성, ⑦ 데이터 관리, ⑧ 책임성, ⑨ 안전성, ⑩ 투명성의 10가지 핵심 요건을 제안하고 있다.

이러한 기준을 중심으로 실제 운영에서는 한국 문화와 맥락, 한국어 감수성을 반영한 학습 데이터와 도구가 필요할 것이다. 요컨대 인공지능 시대 언어 윤리성은 기계의 언어적 창조성을 인간의 가치와 의도에 따라 보완하고, 이를 통해 인공지능의 사회적 공공선과 책임을 유지하게 하는 맥락에서 실현되어야 하며 이에 대한 최종적인 책임은 현세대가 인식하고 담당해야 할 의무다.

## 참고문헌


과학기술정보통신부(2020). "사람이 중심이 되는 인공지능(AI) 윤리기준". https://ai.kisdi.re.kr

남길임 외(2022). "사용역에 따른 비윤리적 표현의 분포와 사용 양상 연구: 방송 대화와 메신저 대화를 중심으로". 《사회언어학》, 30(3), 91~119쪽.

혐오표현 리포트 작성팀(2019). 《혐오표현 리포트》. 국가인권위원회.

홍성수(2017). 《말이 칼이 될 때: 혐오표현은 무엇이고 왜 문제인가?》. 어크로스.

Bender, E. M. et al.(2021). On the dangers of stochastic parrots: Can language models be too big? In Proceedings of the 2021 ACM conference on fairness, accountability, and transparency, pp.610~623.

Woodward, S.(2023). This idea must die: AI will outsmart the human race. *CAM(University of Cambridge Alumni Magazine), 98.* https://www.alumni.cam.ac.uk/magazine/issue-98/this-idea-must-die-%E2%80%9Cai-will-outsmart-the-human-race%E2%80%9D

## 02
## 비윤리적 표현이란 무엇인가?

언어 연구에서 요즘처럼 '비윤리적 표현'에 대한 관심이 많았던 시대는 없었다. 우리는 기계의 언어 창조성 이면에 존재하는 언어 윤리의 문제를 어떻게 예방하고 대응할 것인가? 인공지능의 언어 윤리성은 단순히 모욕적이거나 혐오적인 표현을 하지 않는 것에 그치지 않는다. 이는 사실성과 공정성, 맥락 인식 능력, 문화적 다양성 존중을 포함하는 언어적 신뢰성의 문제다.

노래하는 AI 보컬?

## 비윤리적 표현에 대한 관심과 언어 윤리성 정의의 어려움

언어 연구에서 요즘처럼 '비윤리적 표현'에 대한 관심이 많았던 시대는 없었다. 언어학 연구의 주변부에 머물러 있던 욕설, 비속어, 차별 · 혐오 표현 등에 대한 관심은 인공지능의 확산에 따라 언어학을 비롯한 인문학 전반에서 가장 중요한 문제로 대두되었다. 문제의 본질은 기계의 언어 창조성 이면에 존재하는 언어 윤리의 문제를 어떻게 예방하고 대응할 것인가와 관련된다.

잘 알려진 바와 같이, 인공지능 챗봇 개발과 관련하여 2016년 마이크로소프트의 챗봇 '테이'가 비속어 사용, 인종 및 성차별 발언 등 비윤리적 표현 사용으로 16시간 만에 중단된 사건이 있었다. 국내에서도 2020년 출시된 인공지능 챗봇 서비스인 '이루다'가 성적 대화, 혐오 발언, 개인 정보 유출 등의 문제로 약 한 달 만에 서비스가 종료된 바 있다.

이들 사건 이후 인공지능 개발에서 비윤리적 표현의 문제는 한국어 데이터 구축 및 연구 등 산업계 전반에서 큰 관심을 받게 되었다. 과학기술정보통신부와 정보통신정책연구원 등 각종 기관에서 '인공지능 윤리 강령'을 발표하였으며, 비윤리적 표현은 '사회의 공공선 원칙'과 관련된다.

결국 인공지능의 언어 윤리성은 특정 사회, 문화, 역사적 맥락 속에서 '기계의 언어 창조성이 사람이 마땅히 지켜야 할 도리에 부합하는 방식으로 언어를 생성하는가'에 관한 문제다. 인공지능의 생산성과 파급 효과를 고려할 때 이러한 문제를 정밀하게 정의하는 것은 매우 중요하다. 기존의 연구들에서 "사람이 마땅히 지켜야 할 도리에 어긋나는 내용이나 태도를 언어적으로 표현하는 것"(조태린, 2018), "언어 공동체에서 사회적으로 용인되지 않은 표현"(박미은 · 정유남, 2022) 등의 정의는 이러한 방향과 일치한다. 송현주 외(2022)에서는 실제 인공지능 학습용 데이터 구축에서 비식별화의 주요 대상이 되는 표현을 욕설, 혐오 · 차별 표현, 성적 표현, 공격적 표현으로 구분하고 비식별화의 필요성과 쟁점을 논의한 바 있다.

그러나 이러한 논의에도 불구하고 언어 윤리성의 정의와 속성은 간단히 정의되기는 어렵다. 대표적으로 최근 인공지능 관련 연구에서는 비윤리적 표현 중 차별 표현 등을 일종의 환각 현상(hallucination)으로 분류하기도 한다. 황 외(Huang et al., 2023)는 사전 학습 데이터의 불균형, 정보 구성의 편향성, 데이터 활용 과정에서의 오류가 성별 · 인종 · 국적 등의 편향을 만들어 내며, 이를 잘못된 정보 생성의 일종으로 본다. 여기서 비윤리성은 사회적 수용성의 문제를 넘어 객관적 사실성의 범주와도 연결된 것으로 해석된다. 이런 관점에서 보면 인공지능의 언어 윤리성은 단순히 모욕적이거나 혐오적인 표현을 하지 않는 것에 그치지 않는다. 그것은 사실성과 공정성, 맥락 인식 능력, 문화적 다양성 존중을 포함하는 언어적 신뢰성의 문제다.

## 비윤리적 표현과 차별·혐오 표현

비윤리적 표현에는 비속어, 욕설, 성적 표현, 공격적 표현, 차별 · 혐오 표현 등이 있다. 국어 어휘론 분야에서 은어, 속어, 금기어 등은 오랫동안 연구되어 온 주제인데 반해 '차별 혐오 표현'은 상대적으로 최근에 주목받고 있는 비윤리적 표현이다.

국어학과 국어교육학 분야에서는 '차별 표현'이라는 용어를, 사회학이나 법학 등의 분야에서는 '혐오 표현'이라는 용어를 일반적으로 사용한다. 차별 표현에 대한 대표적인 정의는 연구 분야와 학자들의 관점에 따라 다소 차이가 있다.

이정복(2014: 37)은 사회언어학적 관점에서 "차별 언어란 사람들의 다양한 차이를 바탕으로 명시적 또는 암묵적으로 편을 나누고, 다른 편에게 부정적이고 공격적인 태도를 드러내거나 다른 편을 불평등하게 대우하는 과정에서 쓰는 언어 표현"을 가리킨다고 했다. 국어교육학적 관점에서 제민경(2017: 68)은 "차별 표현이란 성, 신체, 지역, 국적, 인종, 직업, 지위 등에서 상대적 약자로 분류되는 대상에 대한 특정 차별적 인식을 드러내는 특정 언어 표현"으로 정의했다.

사회학 및 법학 분야에서는 'hate speech'에 대한 번역어로 '혐오 표현'이라는 용어를 주로 사용한다. 대표적으로 법학자인 홍성수(2017: 24)는 "혐오란 그냥 감정적으로 싫은 것을 넘어서 어떤 집단에 속하는 사람들의 고유한 정체성을 부정하거나 차별하고 배제하려는 태도"라고 정의했다. 또한 국가인권위원회에서 발간한 《혐오 표현 리포트》에서는 혐오 표현을 "성별, 장애, 종교, 나이, 출신 지역, 인종, 성적 지향 등을 이유로 어떤 개인·집단에게 모욕, 비하, 멸시, 위협 또는 차별·폭력의 선전과 선동을 함으로써 차별을 정당화·조장·강화하는 효과를 갖는 표현"이라고 정의하고 있다.

위에서 논의한 바와 같이 차별과 혐오 표현을 하나의 범주로 묶어 살펴보는 경우도 있지만, 차별 표현과 혐오 표현을 각각 구별해야 한다는 관점도 있다. 박성석 외(2019: 32~33)는 차별 표현은 혐오 표현과 구별되는 용어라고 하면서, "해당 표현에 담긴 차별적 인식 강도나 해당 표현이 미치는 사회적 영향력까지 포함시킬 필요는 없다"라고 했다. 즉 혐오감이나 적대감을 드러내는 정도나 해당 표현이 차별적 인식을 사회적으로 확산시킨 경우에 한해 혐오 표현으로 본 것이다.

혐오 표현은 차별 표현보다 높은 강도를 갖는 언어 표현이므로 '폭력적인 의사소통'이라고 할 수 있다. 그러나 적지 않은 차별 표현이 상대에 대한 차별 의식만 드러내는 것이 아니라 상대에 대한 반감과 폄하, 모욕을 포함한다. 예를 들어 '짱개'는 중국인을 낮잡아 이르는 차별 표현으로, 중국 사람들에 대한 반감과 폄하가 포함되어 있으며 조롱과 모욕을 드러내므로 혐오 표현으로 볼 수도 있다.

차별과 혐오의 인접성은 국가인권위원회의 인권 교육 프로그램에서 설명하는 '혐오의 피라미드'(Levin, 2009)에서도 확인할 수 있다. 이 피라미드의 가장 아래 단계에는 '편견'이 있으며 그 위로 '혐오 표현, 차별 행위, 증오 범죄, 집단 학살'로 구성된다.

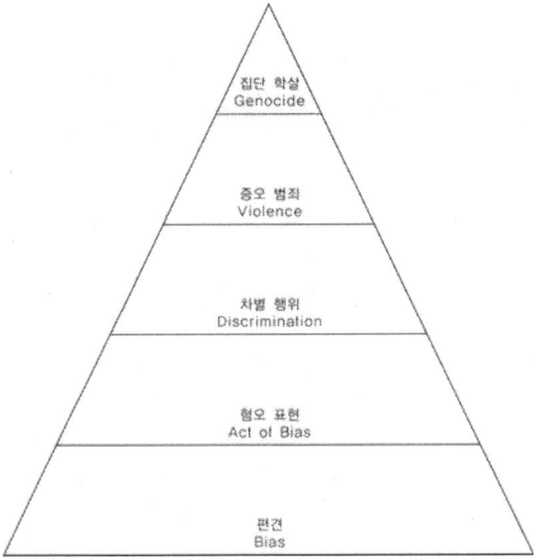


**그림 2-1.** 혐오의 피라미드

'편견'은 특정 집단에 대한 부정적인 고정 관념, 같은 생각을 하는 사람들 사이의 편견 공유의 단계다. 이러한 편견을 기반으로 한 언어 표현은 차별 표현이 될 수 있다. 그다음 단계인 '혐오 표현'은 조롱, 위협, 모욕적, 폭력적 말이나 행동, 집단 따돌림이 행해지는 단계다. 이때는 편견을 드러내는 정도가 강해져 상대가 폭력적이라고 느끼게 된다. 그러나 이 둘은 경계가 불분명할 뿐만 아니라, 화자가 의도하지 않았더라도 청자가 자신의 인종, 성별, 종교 등과 같은 정체성에 대한 편견을 포함한 차별적 언어 표현을 들을 때 위협을 느낀다면 혐오 표현이 될 수 있다. 따라서 차별 표현과 혐오 표현은 정도의 문제일 뿐 완전히 구별된다고 보기 어렵다.

혐오 표현의 다음 단계는 '차별 행위'로 이는 고용, 서비스, 교육 등의 영역에서 차별, 괴롭힘, 배제, 분리 등이 이루어지는 단계이며, '증오 범죄'는 편견에 기초한 폭행, 협박, 강간, 방화, 테러, 기물 파손으로 이어지는 단계이고, '집단 학살'은 피라미드 꼭대기에 위치하며 특정 집단에 대한 의도적, 조직적 말살이 행해지는 단계다. 이러한 혐오의 피라미드를 고려할 때, 인공지능이 생산하는 사소한 편견과 차별은 세밀하게 분석되고 정교한 예방 장치 속에서 관리되어야 한다. 사소한 언어적 편향조차 방치될 경우, 상위 단계로 갈수록 사회적 혐오의 구조를 강화할 가능성이 매우 크기 때문이다.

## 언어 윤리성 벤치마크와 언어 연구의 만남

인공지능이 생성하는 언어적 편향과 차별을 식별하고 교정하기 위해서는 모델들의 언어 윤리성을 평가하는 과정이 필수다. 인공지능의 언어 윤리성 벤치마크 개발은 단순히 욕설이나 비속어 목록이 아닌 다양한 사회·

문화권의 규범과 가치, 그리고 사용 맥락을 반영해 인공지능이 어떤 유형의 비윤리적 표현을 얼마나 생성하는지를 평가할 수 있는 평가 문항과 지표를 포함해야 한다.

이 과정에서 언어학을 비롯한 인문학의 역할은 매우 중요하다. 언어학은 단어와 문장의 의미 구조뿐 아니라 화행, 담화 구조, 사회언어학적 변이를 분석하여 비윤리적 표현의 범주 경계가 어떻게 형성되고 변화하는지를 설명한다. 인문학 전반에 대한 연구 역시 정적 데이터의 한계를 넘어 언어의 시간적 변화, 주제별 · 장르별 변이와 같은 역동성에 대처하는 방향으로 연구의 범위를 넓힐 필요가 있다. 바야흐로 언어학 연구를 비롯한 인문학 전반이 기술의 발전을 반영한 연구 범위의 확장과 방법론의 개발, 사회적 책임을 위한 연구로 나아가야 할 시점이다.

## 참고문헌

국가인권위원회(2019). 〈[인권 교육] 혐오 유감〉. https://www.youtube.com/watch?v=O-gOyJaDUJs

박성석 외(2019). "청소년의 차별적 언어 표현 사용에 영향을 미치는 요인". 《국어교육》, 167, 27~60쪽.

송현주 외(2022). "차별과 혐오 표현의 식별과 사전 활용의 쟁점 - 메신저 대화 말뭉치를 중심으로 -". 《동서인문》, 20,

5～36쪽.

이정복(2014). 《한국 사회의 차별 언어》. 소통.

제민경(2017). "교육적 관점에서 본 혐오, 차별 표현: 담화 공동체에서 차별 없는 언어란 무엇인가". 《새국어생활》, 27(3), 65～77쪽.

조태린 외(2018). "대화형 인공지능의 윤리적 언어 표현을 위한 기초 연구". 《語文學》, 140, 65～96쪽.

홍성수(2017). 《말이 칼이 될 때: 혐오표현은 무엇이고 왜 문제인가?》. 어크로스.

Huang, L. et al.(2023). A survey on hallucination in large language models: principles, taxonomy, challenges, and open questions. arXiv. https://arxiv.org/abs/2311.05232

Levin, B.(2009). The long arc of justice: Race, violence, and the emergence of hate crime law. *Hate crimes, 1,* pp.1～22.

## 03
## 비윤리적 표현의 유형

비윤리적 표현에는 어떤 종류가 있을까? 비윤리성은 정도의 차이가 있으며, 비윤리성에 대한 민감도는 시대, 문화, 사용 맥락, 언어 사용자 등 다양한 요소와 관련된다. 비윤리적 표현은 비속어, 욕설, 성적 표현, 공격적 표현, 차별 · 혐오 표현 등으로 나눌 수 있으며, 차별 · 혐오 표현의 경우 국적, 지역, 성별 등 차별 · 혐오의 대상에 따라 더 세분화할 수 있다.

인공지능과 편향?

## 비윤리적 표현의 하위 유형

인공지능 개발과 관련하여 비윤리적 표현에 대한 자동 인식과 학습을 위해서는 언어의 비윤리성을 판단할 수 있는 기준을 마련하는 것과 함께 해당 유형에 대한 특성과 사례에 대한 논의가 필요하다. 비윤리적 표현은 유형, 기능, 의미, 화자 의도, 가치 기준 등의 기준에 따라 다양한 분류가 가능한데, 여기에서는 국내 학계를 중심으로 유형 분류 체계와 사례를 살펴보기로 한다.

먼저 대화형 인공지능의 언어 윤리에 관한 논의인 조태린 외(2018)에서는 비윤리적 언어 표현의 하위 유형을 다섯 가지로 나누고 있다.

(1)

ㄱ. 욕설: 부정적인 감정을 감탄조로 드러내는 표현(예: 염병, 니기미)

ㄴ. 비어: 직업, 장애, 국가/지역, 행동/태도와 관련하여 사람을 낮추어 말하는 표현(예: 짭새, 딴따라, 곰보, 서울깍쟁이)

ㄷ. 비하성이 있는 속어: 신체, 동작/행동을 속되게 이르는 표현, 특정 집단에서 사용하던 은어 중에 비하적 성격이 큰 표현(예: 낯가죽, 씨부리다, 초딩, 귀척)

ㄹ. 맥락: 동물이나 사물에 사용될 때는 일반어이지만 사람

에게 사용될 때는 비윤리적인 표현(예: 개돼지, 개새끼)

ㅁ. 내용: 불법이나 범죄와 관련된 내용이나 미성년자에게는 접근 제한이 필요한 내용, 비윤리적인 사건이나 행위를 가리키는 표현(예: 몰카, 성폭행)

이 연구는 맥락과 내용이라는 범주를 포함함으로써 비윤리적 표현을 명시적이고 절대적인 언어 표현에만 한정했던 이전의 연구가 갖는 한계를 극복했다는 점에서 의의가 있다.

다음으로 남길임 외(2022)에서는 단어 이상의 단위까지 고려하여 비윤리적 표현을 다음의 네 가지로 유형화했다.

(2)

ㄱ. 욕설: 사람을 무시하는 모욕적인 표현, 다른 사람을 저주하는 표현(예: 씨발, 조카 십팔색 크레파스, 개돼지 같은)

ㄴ. 성적 표현: 성욕이나 남녀의 성과 관련되는 표현(예: 여자의 몸을 안다, 내 물건이 안 일어날 거야)

ㄷ. 공격적 표현: 폭력적이거나 지나치게 공격적인 표현(예: 뒈졌을라나, 죽여버료)

ㄹ. 혐오 · 차별 표현: 소수자에 대한 차별이나 혐오를 드러

내는 표현(예: 경상도 분들이 많이 그러신다고 ㅋㅋ, 어데! 여자가!)

이 연구는 국어학적 연구가 대개 단어 단위에 대한 논의에 집중되어 있었으나, 구 단위 이상의 단위에 대해 고려하고 사용역, 언어 감수성, 비식별화 범위에 대한 논의로 확대하였다는 특징이 있다.

마지막으로 공나형 · 조태린(2023)은 인공지능 학습용 말뭉치 주석에 초점을 두고, 데이터의 비윤리성에 대한 가장 폭넓은 관점에서 '비윤리성, 공격성, 비하성, 편향성' 등 네 가지 구성 요인 중에 어느 하나라도 나타나는 것을 '부적절성'을 갖는 데이터로 본다. 이 연구에서는 부적절성의 내용을 분석하는 범주를 다음의 여섯 가지로 제시하고 있다.

(3)

ㄱ. 성: 성별, 성적 지향, 성희롱 등(예: 폐허한남)

ㄴ. 연령/세대: 나이, 특정 세대 등(예: 키린이, 틀딱)

ㄷ. 신체: 장애, 건강, 질병, 외모, 임신, 출산 등(예: 관종, 결정장애자)

ㄹ. 문화: 종교, 정치, 풍습, 예술, 행태, 사고방식 등(예: 거

지존)

ㅁ. 관계/조건: 인종, 국가, 지역 등의 출신, 직업, 지위, 학력, 재산, 능력 등의 사회적 조건, 혼인, 가족 형태, 가족 관계, 친구, 연인 등의 사적 관계 등(예: 깜둥이, 종특)

ㅂ. 기타(예: 긍정충, 미친 굿즈)

비윤리적 또는 부적절한 표현은 연구의 목적이나 사회 문화적 특수성에 따라 다양한 유형화가 가능하며, 인공지능 개발 과정에서 학습 데이터의 성격에 따라 하위 분류도 가능할 것이다.

## 혐오 표현의 하위 유형

비윤리적 표현 중에서 최근 들어 가장 높은 주목을 받고 있는 것은 혐오 표현일 것이다. 어떤 표현이 성적인 의미를 담고 있는지, 욕설인지, 비속한 의미를 갖고 있는지에 대한 판단은 그리 어렵지 않다. 그러나 어떤 표현이 혐오 표현인지 판단하는 것은 상대적으로 어렵다.

국내에서는 2000년대 초반 해외 인용 기사에서 '혐오 표현'이라는 용어가 처음 등장했고, 그 이후로 학술적 연구들이 나오기는 했지만 사회적으로 인지되는 단어로 자리 잡은 것은 2013년 전후다. 혐오 표현에 대한 본격적인 논의가 시작된 것은 10년 남짓밖에 되지 않았다(홍성수 외, 2016: 8). 따라서 연구의 목적과 학문 분야에 따라 혐오 표현의 하위 유형 분류 역시 다양하다.

홍성수 외(2016)는 혐오 표현의 개념, 외국의 입법 사례, 혐오 표현 규제에 관해 법학적 관점에서 논의하며, 혐오 표현을 다음의 네 가지로 구분한다.

(4)

ㄱ. 차별적 괴롭힘: 차별적 속성을 이유로 소수자에게 수치심, 모욕감, 두려움 등 정신적 고통을 주는 언어 표현

ㄴ. 차별 표시: 차별과 혐오를 의도하거나 암시하는 내용의 언어 표현

ㄷ. 공개적 멸시 · 모욕 · 위협: 공개적으로 소수자를 멸시 · 모욕 · 위협하여 인간 존엄성을 침해하는 언어 표현 (예: Niggers go home)

ㄹ. 증오 선동: 소수자 집단에 대한 차별, 적의 또는 폭력을 조장 · 선동하는 언어 표현(예: 조선인 꺼져라!)

이신행(2021)은 온라인 혐오를 사회적 정체성의 산물로 바라보는 낙인 이론에 따라 혐오 표현을 다섯 가지 유형으로 구분하고 있다.

(5)

ㄱ. 라벨링: 해당 집단에 고유한 이름 붙이기(예: 똥꼬충 축제, 꺼져 유사인류 짱깨들 다)

ㄴ. 스테레오타이핑: 해당 집단을 대상으로 한 부정적 고정 관념에 대한 언급(예: 페미메갈들의 종특)

ㄷ. 분리하기: 해당 집단을 우리와는 다른 구성원으로 취급하기(예: 외노자 전부 본국으로 보내 버려야 된다)

ㄹ. 조롱하기: 흉내, 비아냥, 반어법 등을 동원해 조롱하기(예: 조선족은 동포가 아니고 한국말 좀 쪼매 아는 중국인입니다)

ㅁ. 단순 욕설: 해당 집단에 대한 욕설 내뱉기(예: 씹게이쌧기)

강희숙(2018)은 혐오 표현의 개념이나 범주에 대한 사회언어학적 논의로, 차별과 혐오는 엄밀한 의미에서 구별되어야 한다는 관점에서 혐오 표현을 크게 두 가지로 분류한다.

(6)

ㄱ. 사회적 소수자 대상 혐오 표현: 장애인이나 성소수자, 외국인 노동자와 난민, 조선족 등의 사회적 소수자들을 대

상으로 한 혐오 표현(예: 병신, 똥꼬충, 난민충)

ㄴ. 타자 대상 혐오 표현: 정치적 이념, 젠더, 세대, 지역, 종교 간의 갈등을 반영하는 혐오 표현(예: 수구꼴통, 김치녀, 개저씨, 맘충, 지잡대, 개독)

2022년 스마일게이트(Smilegate AI)에서 공개한 언스마일(UnSmile) 데이터 세트의 혐오 표현 하위 유형도 주목할 만하다. 여기에서는 문장 단위에서 여성/가족(예: 옛말에 암탉이 울면 나라 망한다고 했다), 남성(예: 한남이 답이 없노), 성 소수자, 인종/국적, 연령(예: 꼭 키 작은 급식충이 이런 글 씀), 지역, 종교, 기타 혐오, 악플/욕설(예: 뭐 어쩌라고 시발)로 유형화한 주석을 제공하고 있다.

## 참고문헌


강희숙(2018). "혐오 표현의 특징 및 변주 양상". 《호남문화연구》, 64, 33~64쪽.

공나형·조태린(2023). "인공지능 학습용 말뭉치의 부적절성 분석을 위한 주석 방안 연구". 《한국사전학》, 42, 67~99쪽.

남길임 외(2022). "사용역에 따른 비윤리적 표현의 분포와 사용 양상 연구: 방송 대화와 메신저 대화를 중심으로". 《사회언어학》, 30(3), 91~119쪽.

스마일게이트 AI(n.d.). 〈Korean Unsmile Dataset〉.

https://github.com/smilegate-ai/korean_unsmile_dataset
이신행(2021). "편향적 인공지능: 네이버의 악플 탐지용 인공지능 '클린봇'이 판별한 혐오표현의 유형 분석". 《사이버커뮤니케이션학보》, 38(4), 33~75쪽.
조태린 외(2018). "대화형 인공지능의 윤리적 언어 표현을 위한 기초 연구". 《語文學》, 140, 65~96쪽.
홍성수 외(2016). "혐오표현 실태조사 및 규제방안 연구". 국가인권위원회.

## 04
## 비윤리적 표현과 독자 인공지능

언어의 윤리성은 시대와 사회에 따라 달라지며, 차별과 혐오 표현의 범주도 언어권별로 상이하다. 한국어에서는 인종 · 국가 및 성별에 대한 차별과 혐오 표현이 전체 혐오 표현의 절반 이상을 차지한다. 또 '지역 혐오'는 영어권과 달리 중요한 사회 문화적 맥락을 반영하며, 지역 간 갈등과 편견의 언어적 흔적을 보여 준다.

청각장애인과 AI?

## 비윤리적 표현의 사회·문화적 맥락성과 한국어의 특성

언어의 윤리성은 특정 사회, 문화, 역사적 맥락 속에서 '사람이 마땅히 지켜야 할 도리에 부합하는 방식으로 언어를 사용하는가'라는 질문에서 출발한다. 이러한 문제 제기는 언어 윤리성 확보를 위한 허용 · 금지의 기준이 시대, 문화, 사용 맥락, 그리고 언어 사용자의 인식에 따라 다르다는 것을 함의한다. 특히 비윤리적 표현 중 차별과 혐오를 어떻게 범주화하고 있는지는 언어권에 따라 상당히 다르다.

남아프리카공화국의 아프리칸스어 사전(Woordeboek van die Afrikaanse Taal)에서는 사전 편찬에서 민감하거나 모욕적인 표현의 범주로 '인종 차별, 성차별, 신체 현상, 사회/정치/종교적 민감 어휘, 욕설'을 제시하여 지침으로 제공했다(Harteveld & Van Niekerk, 1995: 249~250). 이는 남아프리카공화국 내의 다인종 사회 구조와 역사적 갈등을 반영한 것으로 해석된다. 한편 스웨덴의 평등 옴부즈맨(The Equality Ombudsman, 2020)에서는 '성(sex), 트랜스젠더 정체성 또는 표현(transgender identity or expression), 민족성, 종교 또는 기타 신념, 장애, 성적 지향(sexual orientation), 연령' 등으로 범주화하고 있다. 이러한 일곱 가지 범주에서 성 내지 성적 정체성 관련 범주가 세 가지나 된다는 것은 매우 인상적이다. 물론 이러한 분류 체계는 북유럽 사회가 강조하는 성평등과 다양성 존중의 가치와 밀접한 관련이 있을 것이다. 이러한 분류 기준은 영어권의 소셜 미디어 기반의 연구들(Waseem & Hovy, 2016; Founta et al., 2018)과도 연관 지을 수 있으며, 이들 역시 '성차별/인종 차별' 중심 분류 또는 다중 범주 분류로 혐오 표현을 범주화하려는 시도를 보여 준다.

그렇다면 한국어는 어떠할까? 연구자에 따라 다르겠지만 송현주 외(2022)에서는 인종/국가, 성별, 장애/질병, 나이, 계층, 정치/종교, 외모, 지역, 기타의 10가지 범주로 차별과 혐오 표현을 구분하고, 특히 개인 간의 의사소통을 대표하는 메신저에서 인종·국가(37%)와 성별(21%) 혐오가 전체 혐오 표현의 50% 이상을 차지함을 밝힌 바 있다. 여기서 또 한 가지 주목할 점은 '지역' 범주다. '지역' 관련 차별과 혐오 표현이 전체의 2%라는 적은 특성에도 불구하고 '지역'이라는 범주를 고려하고 있다는 점은 특징적이다. 우리가 우리를 객관적으로 볼 수 있다면, 특정 지역 출신을 낙인찍거나 부정적으로 호명하는 언어적 관습이 역사적으로 지역 간 불균형적 발전, 정치적 대립, 그리고 사회적 편견과 긴밀히 연결되어 왔다는 사실을 인정하지 않을 수 없다. 이러한 지역 혐오 표현은 영어권이나 유럽 언어권에서 상대적으로 덜 나타나는 현상으로, 한국 사회 특유의 사회 문화적 맥락을 반영하는 지점이라 할 수 있다.

## 한국어 비윤리적 표현의 사용 양상

실제 한국어에서 비윤리적 표현은 하위 유형과 범주에 따라 어떤 사용 양상을 보일까? 여기서는 국립국어원 140만 어절의 메신저 말뭉치의 분석 결과를 통해 주요 유형별 빈도와 분포를 살펴보고자 한다. 개인 간 메신저 텍스트를 수집한 이 말뭉치는 대화형 인공지능 개발을 위한 기초 자원으로서의 메신저 대화가 지닌 중요성을 고려할 때, 또 개인 사용자들이 자신의 발화가 비윤리적 표현임을 스스로 인식하지 못하는 경향이 있다는 점에서 특히 중요하다. 이러한 비의도적 용법은 인공지능의 생산성과 파급 효과를 고려할 때 사전에 세밀하게 분석될 필요가 있다.

고예린 외(2022), 송현주 외(2022)에 따르면 한국어 메신저 대화에 나타난 비윤리적 표현의 하위 유형, '욕설, 혐오 및 차별 표현, 공격적 표현, 성적 표현'의 분포와

**표 4-1.** 비윤리적 표현의 하위 유형별 분포

| 유형 | 개수 | 비율 |
|---|---|---|
| 욕설 | 2,769 | 90.4% |
| 혐오 및 차별 표현 | 172 | 5.8% |
| 공격적 표현 | 74 | 2.7% |
| 성적 표현 | 29 | 1.1% |
| 합계 | 3,044 | 100% |

차별과 혐오 표현의 유형별 분포는 각각 표 4-1, 표 4-2와 같다.

표 4-1에서 볼 수 있듯이 메신저 개인 담화에서 비윤리적 표현의 분포는 욕설이 90% 이상을 차지하며, 다음으로 '혐오 및 차별 표현 〉 공격적 표현 〉 성적 표현' 순으로 나타났다. 개인 간 사적 영역에서 이루어지는 담화에서 '욕설'의 사용은 세대에 따라 관습적인 측면도 있고, 종종 비의도적으로 사용되어 상대방을 모욕하려는 목적이 없는 경우가 많지만, 인공지능 학습용 데이터로 사용되기에는 부적절함을 알 수 있다.

표 4-2는 한국어 차별과 혐오 표현의 주요 사례와 분포를 보여 주는데, '인종/국가, 성별'과 관련된 차별과 혐오 표현이 집중되어 있다는 점은 특기할 만하다. 이는 메신저 대화가 일상적인 주제로 구성되어 여행, 음식 등과 관련한 내용이 상당히 많은 것과 일정 부분 상관관계가

**표 4-2.** 차별·혐오 표현의 하위 유형별 어절 및 비율

| 유형 | 예시 | 어절 | 비율 |
|---|---|---|---|
| 인종·국가 | 짱깨, 필리핀은 위험한 국가다 | 1,383 | 37 |
| 성별 | 한남, 남자들 쉰내 나 | 794 | 21 |
| 장애·질병 | 병신, 솔직히 장애가 아닌 이상은… | 604 | 16 |
| 나이 | 틀딱, 할매 할배 어디를 그렇게 가나 | 280 | 8 |
| 계층 | 상놈, 시험 치는 애들도 고졸이라 긍가 뭔가 산만 | 228 | 6 |
| 정치·종교 | 꼭 기독교가 이상한 곳에 가서 선교 많이 하더라 | 171 | 8 |
| 지역 | 촌년, 그지 깽깽이는 통영을 벗어날 수가 없다 | 57 | 2 |
| 외모 | 뚱땡이, 못생기고 멍청한 애가 돈 벌면 짜증 나 해 | 138 | 4 |
| 기타 | 걱정충, 난지는 캠핑 못하는 것들 우르르 와서 고기 파티 하는 곳이래 | 52 | 1 |
| 합계 | | 3,707 | 103 |

있다. 여행지를 소개하거나 여행 경험을 이야기하는 맥락, 국내에 체류 중인 외국인에 대한 인식을 이야기하는 맥락 등에서 인종 및 국가와 관련된 차별과 혐오 표현이 다수 나타났다. 또한 대화 참여자의 약 74%가 여성으로 전체 대화에서 여성의 참여율이 매우 높은데, 이에 따라 남성에 대한 부정적인 평가 및 차별과 혐오를 담은 표현의 비율이 높게 나타나는 것으로 보인다.

한편 박성원(2023)에서는 지금까지 한국어 차별과 혐오 표현의 연구가 '장애인(226건) 〉 젠더/여성(221건) 〉 다문화 이주민(141건) 〉 노인(99건) 〉 성소수자(43건)' 순으로 분포함을 보여 주었다. 이는 곧 한국 사회가 겪고 있는 이주민 정책, 사회적 소수자 집단에 대한 관심 및 문제의식과 상관관계가 있다. 사회의 변화에 따라 향후 한국어 차별과 혐오 표현 연구에 대한 다층적인 시각을 확보할 필요가 있다. 문제는 인종, 국가, 성별 등과 관련된 표현은 개인적 감정이나 농담의 형태로 위장되거나 무의식적으로 언어에 반영된다는 점인데, 이는 인공지능의 학습과 생성 데이터의 분석과 평가에서도 고려되어야 할 점이다.

## 한국어의 특성을 고려한 인공지능 개발의 필요성

자연어 처리 및 생성형 인공지능 기술의 발전은 한국어를 포함한 다양한 언어권의 말뭉치를 학습 데이터로 삼아 언어 생성 능력을 고도화해 왔다. 그러나 현재 대다수의 인공지능 학습용 데이터는 글로벌 영어에 상당 부분 의존하며, 실제로 시스템의 90% 이상이 영어 데이터에 기반을 두고 있다는 최근 조사도 있다. 인터넷 언어에서 한국어가 차지하는 비중은 전체 웹 페이지의 0.8%에 불과하므로 영어와 문화적 맥락이 다른 한국어의 표현과 관습을 충분히 반영하지 못하는 결과를 초래할 가능성도 다분하다.

인공지능의 일상화에 따라 국제적으로도 생성 결과에 대한 책임성, 생성 결과의 정확성과 검증 가능성, 사용 여부에 대한 투명성 등이 핵심적인 과제로 떠오르고 있다. 한국어의 언어적 특성과 사회 문화적 맥락을 반영한 비윤리적 표현의 분류 체계와 탐지 및 비식별화의 기준 마련은 인공지능 개발에서 반드시 고려되어야 할 윤리적 요소다. 단순히 욕설이나 비속어를 제외하는 기술적 조치를 넘어서 인공지능이 사회적 다양성과 평등 가치를 내재화할 수 있도록 언어의 윤리성에 대한 사전학적, 사회언어학적 분석을 기반으로 한 언어 정책적 설계가 필요하다. 인공지능의 언어 윤리는 가까운 미래 인공지능의 사회적 수용성과 공공성 확보 측면에서도 필수적인 과제가 될 것이다.

## 참고문헌

고예린 외(2022). "대화형 인공지능을 위한 메신저 대화의 비윤리적 표현 연구". 《제34회 한글 및 한국어 정보처리 학술대회 논문집》.
남길임 외(2022). “사용역에 따른 비윤리적 표현의 분포와 사용 양상 연구: 방송 대화와 메신저 대화를 중심으로”. 《사회언어학》, 30(3), 91~119쪽.
Founta, A.-M. et al.(2018). Large scale crowdsourcing and characterization of Twitter abusive behavior. In Proceedings of the 12th International AAAI Conference on Web and Social Media (ICWSM), pp.491~500. AAAI Press.
Harteveld, P. & van Niekerk, A. E.(1995). Policy for the treatment of insulting and sensitive lexical items in the Woordeboek van die Afrikaanse Taal. *Lexikos, 5*(5), pp.249~266.
The Equality Ombudsman(2020). Discrimination and the Equality Ombudsman.
Waseem, Z. & Hovy, D.(2016). Hateful symbols or hateful people? Predictive features for hate speech detection on Twitter. In Proceedings of the NAACL Student Research Workshop, pp.88~93. Association for Computational Linguistics.

## 05
## 비윤리적 표현의 맥락 의존성과 주관성

모든 언어 표현이 그러하듯이 비윤리적 표현이 가지는 맥락 의존성과 판단의 주관성은 비윤리적 표현의 식별과 기계적 탐지에 치명적인 어려움을 초래한다. 해당 표현이 어떤 맥락에서 사용되었는지, 개인이나 공동체에 따라 다른 윤리적 가치를 가질 가능성은 없는지 등 비윤리적 표현의 식별에는 그 표현의 실제 맥락과 인지적 감수성이 고려되어야 한다.

AI 콘텐츠 크리에이터?

## 비윤리적 표현의 식별

표현의 맥락 의존성, 언어 감수성과 시대에 따른 판단의 주관성, 비식별화의 단위 등을 고려하지 않고 형태를 기준으로 하여 비윤리적인 표현을 비식별화할 경우, 불필요한 비식별화로 인해 데이터의 손상을 초래할 우려가 있다. 즉, 이신행(2021)의 지적처럼 단순히 사전에 기반하여 혐오 표현을 판별할 경우, 의미의 중의성, 간접적 표현, 그리고 고맥락성이 판별의 한계를 가져올 수밖에 없다.

다만 작업자가 일일이 맥락을 판단하여 비식별화 여부를 결정하는 것은 대량의 데이터를 빠른 속도로 처리하는 데 어려움을 초래할 수 있다. 따라서 비윤리성 판단의 객관성을 확보하고, 이를 바탕으로 언어 사용 맥락과 패턴을 추출하여 비윤리적 표현의 비식별화를 위한 데이터를 수집 · 활용할 필요가 있다.

## 맥락 의존성과 명시성

비윤리적 표현은 그 자체로서 맥락과 무관하게 욕설, 혐오 · 차별 표현 등으로 사용될 수도 있으나, 맥락에 따라 비윤리성 여부에 대한 판단이 달라지기도 한다. 예를 들어 "진짜 미친놈이지 않아요, 근데 그 새끼?"에서 '미친놈, 새끼'는 명백히 비윤리적인 표현이지만, "새끼 돼지는 굉장히 맛있어", "버터 통째로 먹는 미친 기쁨"에서 사용된 '새끼, 미친'은 비윤리적인 표현이라고 보기 어렵다. 또 다른 예로 "정신 이상 진단은 임상적 평가에 따라 이루어진다"에서 '정신 이상'은 중립적인 용어로 사용된 것이지만, "솔직히 정신 이상이 아닌 한 그렇게 말 안 하지"에서 사용된 '정신 이상'은 특정 개인을 정신 질환과 연결 지어 낙인찍는 비윤리적 표현이라고 할 수 있다.

비윤리적 표현은 명시적으로 드러날 수도 있지만 비명시적인 방식으로 드러나기도 한다. 예를 들어 "무슬림 제발 좀 꺼져, 니네 나라로 가라" 또는 "동성애자는 사회를 좀먹는 병이다"는 매우 명시적인 혐오 표현이다. 그러나 "동남아처럼 생겼네", "햇볕에 좀 탔네, 너 흑형 되는 거 아냐?", "걔 패션 진짜 게이 같아"는 비명시적으로 특정 집단을 비하하거나 웃음거리로 만들며 차별적인 태도를 드러내고 있으므로 비윤리적 표현이라고 할 수 있다.

## 판단의 주관성

시대, 집단, 개인에 따라 비윤리성 여부에 대한 판단은 달라질 수 있다. 따라서 비윤리적 표현을 식별할 때는 당대 언어 공동체가 가진 언어 감수성을 고려하는 것이 매우 중요하다. 그런데 상당수의 사례가 언어 개별적인 속성과 관련되어 있어서 정확한 판단이 어려운 경우가 적지 않다.

"존맛, 존맛탱, 개존맛, 존예, 존네, 대존맛, 개좋다, 개꿀"은 비윤리적 표현으로 비식별화 대상인가? '존맛'은 맛이 아주 좋다는 뜻으로 사용되는데, 그 기원을 고려하자면 '존나 맛있다' 정도가 될 것이고, '개좋다'와 '개꿀'에서의 '개'는 원래 질이 나쁘다는 의미를 갖는 말이다.

그렇다면 '존나' 또는 '개'를 포함하고 있으므로 이들을 모두 비윤리적 표현이라고 판단해야 할 것인가? '존나, 졸라, 개'는 욕설이나 비하의 의미로 사용되지만, 실제 대화에서 보면 단순히 강조의 의미로 사용되는 경우가 적지 않다. 또 '존맛, 존맛탱, 존예, 개좋다' 등이 비속한 표현임은 분명하나 이 단어들이 욕설로 사용되지는 않으므로 비윤리적이라고 볼 수 있을지는 의문이다.

이와 관련하여 네이버 클린봇 2.0과 관련한 기사문에서는 다음과 같이 언급한 바 있다. "또 시간의 흐름에 따라 같은 댓글이 덜 나쁘게 수용되기도 한다. 예를 들면 '존맛탱', '존멋'이 그렇다. '존맛탱'은 예전에는 비속어였는데 지금은 지상파 방송에서도 보인다. '꼰대'도 최근 들어 의미가 변하고 있다. 나이 먹은 사람이나 보수적인 사람을 지칭하는 부정적인 뜻으로만 쓰는 게 아니라 '나 꼰대야!'라고 유머러스하게 말하기도 한다. 어느 분야에서 고인 물이지만 그만큼 오래됐고 그만큼 능력이 있다는 뜻으로 바뀐 것이다." 즉, 단순히 형태만을 고려하여 '존나'에서 유래된 '존'을 포함한 모든 표현을 비윤리적 표현으로 판단하는 것은 시대에 따른 언어 의미의 변화나 언어 사용자의 감수성을 충분히 고려하지 못하는 결과가 될 수 있다.

비윤리성에 대한 판단은 각기 다를 수 있으므로 다음과 같은 상반된 의견이 존재하기도 한다. 장강명 작가는 "'깜깜이'라는 말이 혐오 표현인가"라는 기고문에서 "'깜깜이'는 형용사 '깜깜하다'가 명사화한 것으로 사람이 아니라 상태를 가리킨다. 시작도 시각 장애인과는 관련이 없다. 부동산업계에서 '깜깜이 청약'이라는 식으로 먼저 쓰였다는 말도 있고, 포커 판에서 자기 패를 보지 않는 행동에서 나왔다는 설도 있다"라고 하면서 '깜깜이'라는 표현이 비윤리적 표현이 아니라고 했다.

반면 이정복(2022)은 실제 '깜깜이'가 사용되는 예를 보면 '깜깜이 장님 인생 어둠의 자식', '깜깜이 투자 통계는 장님 코끼리 만지는 것 같은 일', '미국과 일본의 감시 정찰 자산에 의존하지 않으면 우리는 깜깜이, 장님'이라고 표현하고 있으므로 사전의 뜻풀이와는 달리, 한국어 화자들은 '깜깜이'를 시각 장애인과 직접 연결해서 쓰고 있으며, 장애인은 무능력한 존재라는 부정적인 의미를 드러내고 있다고 하면서 '깜깜이'를 차별 표현으로 보았다.

이처럼 '깜깜이'라는 표현의 비윤리성 판단은 서로 다를 수 있다. 언어의 비윤리성에 대해 동시대를 살아가는 언어 사용자 간의 일치된 의견이 없을 때, 데이터를 구축하고 비식별화해야 하는 연구자들은 어떤 기준을 통해 비식별화 대상을 선정할 것인지에 대해 고민하게 된다.

## 참고문헌


권성희(2021.5.12). "'깜깜이'라는 말은 혐오 표현인가". 《중앙일보》. https://n.news.naver.com/mnews/article/025/0003100814?sid=110

남길임 외(2022). "사용역에 따른 비윤리적 표현의 분포와 사용 양상 연구: 방송 대화와 메신저 대화를 중심으로". 《사회언어학》, 30(3), 91~119쪽.

박돈규(2020.9.12). "하루에 악플만 수십만 개… 댓글 청소부는 바쁘다". 《조선일보》. https://n.news.naver.com/mnews/article/023/0003561288?sid=102

이신행(2021). “편향적 인공지능: 네이버의 악플 탐지용 인공지능 ‘클린봇’이 판별한 혐오표현의 유형 분석”. 《사이버커뮤니케이션학보》, 38(4), 33~75쪽.

이정복(2022). “차별 언어 관련 유튜브 동영상의 비판적 검토”. 《한말연구》, 64(13), 1~19쪽.

## 06
## 비윤리적 표현의 단위와 식별의 쟁점

언어는 단어가 아닌 단어의 연쇄인 구나 문장, 의미 단위로 소통되므로 우리가 일상에서 마주치는 비윤리적 표현 역시 단어의 단위를 넘어선다는 것은 당연하다. 따라서 인공지능 학습용 데이터의 구축과 인공지능 생성 데이터의 평가에서 언어의 맥락성, 주관성, 단어를 넘어서는 비윤리적 표현에 대한 판별 기준이 필요하다.

AI와 민주주의?

## 비윤리적 표현의 단위

사전 중심의 비윤리적 표현의 한계는 명백하다. 언어의 역동성과 창조성, 맥락성을 고려할 때 정적인 데이터를 기반으로 한 비윤리적 표현의 식별에는 한계가 있기 때문이다. 비윤리적 표현의 식별이 어려운 이유는 언어 내적 문제와 언어 외적 문제로 구분될 수 있다. 우선 언어 내적 문제로 사용자는 어떤 이유로든 새로운 표현을 지속적으로 만들어 내기 때문에 기존 데이터가 탐지할 수 없는 새로운 언어가 끊임없이 생성된다는 점을 들 수 있고, 단어가 아닌 단어의 결합도 끊임없이 변한다는 사실을 들 수 있다.

(1)

ㄱ. 미친놈/년, 개새끼, 염병, 지랄, 니미럴 등

ㄴ. 장애가 오다, 암 걸리다, 남자들 쉰내 나다, 개돼지 같은, 나이는 똥구멍으로 먹었냐, 머리가 없냐 등

위에서 볼 수 있듯이 (ㄱ)은 인격 비하형, 동물 비유형, 성적 표현형 등(이정복 · 박은하, 2019)과 같은 분류 체계와 기존 사전 목록을 통해 얼마든지 탐지할 수 있지만, (ㄴ)과 같은 구 단위의 비윤리성에 대한 판별은 일정한

목록으로 관리하기 어렵다. '장애가 오다, 암 걸리다'의 경우, '장애'와 '오다', '암'과 '걸리다' 각각은 비윤리적 표현의 범주에 속하지 않지만, 이들이 결합하여 일상적인 맥락에서 '장애가 왔냐'라고 사용될 경우 결국 장애인에 대한 부정적인 감정을 강화하게 만든다는 점에서 차별과 혐오 표현으로 볼 수 있기 때문이다.

언어 외적 측면은 언어의 맥락 의존성, 언어 감수성과 시대에 따른 판단의 주관성 등과 관련된다. 그중 대표적인 특성은 언어는 항상 표면적이거나 글자 그대로의 의미, 즉 명제적 의미만으로 소통되는 것이 아니라 암시적 의도를 전하거나 표면적인 의미와 정반대인 반어적 의도를 담고 있는 경우가 많다는 점이다.

## 비명시적 혐오 표현과 반어적 혐오 표현

예를 들어 "주민들끼리 돼지 바비큐를 나눠 먹는 광경이 참으로 훈훈합니다"는 일반적으로 비윤리적인 표현으로 판단되지 않는다. 하지만 만약 이 글이 특정 지역 주민과 이슬람 이주민 간의 마찰을 다룬 동영상의 댓글이라면 이것은 다분히 차별적이고 공격적이라 할 수 있다. 좀 더 복잡한 사례로 "이슬람은 단순한 종교가 아닌 하나의 이데올로기다"는 어떠한가? 이 역시 같은 동영상의 댓글에서 추출된 사례로 문장을 구성하는 단어 하나하나에는 아무런 윤리성의 쟁점이 없으나, 전체 문장은 차별적이고 과장된 허위 주장이기도 하다.

아래 (2)는 같은 동영상에서 '돼지고기'가 차별과 혐오 표현으로 사용된 개별 댓글 전체의 사례로, 종교와 이주민 갈등의 문제가 '음식'이라는 별개의 범주를 통해 혐오를 형성하고 표현하는 사례를 보여 준다.

(2)

ㄱ. 한국 땅에서 돼지고기 먹겠다는데 뭐 문제 있어? 뭐가 문제야? 안 먹는 니들이 문제지. 왜 안 먹는 니들까지 존중해야 해? 한국에 왔으면 니들도 같이 처먹든가. 그게 해답이다. 다른 고기는 다 처먹으면서 왜 돼지고기만 안 먹어? 무슨 선택적 종교 활동이냐? 아예 불교처럼 고기 자체를 먹지 말든지… 아주 위선적인 종교네 한국에 대한 모욕과 모독이다. 돼지고기 안 먹을 거면 한국에서 나가!!!

ㄴ. 사원 지어지면 저기 앞에 밀어 버리고 삼겹살집 식당해도 될 듯

ㄷ. 무슬림도 이슬람 사원 짓듯이 주민들도 돼지고기 먹을 자유가 있다 족발 삼겹살 많이많이 드시길

이처럼 욕설이나 비속어와 같은 비윤리적 표현을 포함하지 않은 차별 및 혐오 표현은 관련 연구들에서 '비명시적 차별 표현' 또는 '암시적 차별 표현' 등의 용어로 논의되어 왔으며, 조시 외(Joshi et al., 2017), 방승주 외(2024), 성민규 외(Sung et al., 2025) 등에서는 반어적 차별 표현 탐지(sarcasm detection)에 대한 연구를 수행한 바 있다. 특히 성민규 외에서는 인공지능의 한국어 반어적 혐오 표현 탐지를 평가하였는데, 대부분의 거대 언어 모델은 명시적 혐오 표현에 비해 반어적 혐오 표현의 탐지에서 매우 낮은 정확도를 보였다.

## 인공지능 학습용 데이터를 위한 비식별화 단위

데이터 구축의 관점에서 비윤리적 표현을 비식별화할 때 어디까지 비식별화할 것인가 하는 것은 중요한 문제다. 비식별화 단위는 데이터 훼손을 최소화하기 위해서도 필요하고, 비식별화 작업의 정확성을 높이는 데도 중요하다. 아래 (3)과 표 6-1 각각은 기존 연구에서 이미 단어 차원의 윤리성 여부를 판별한 사례와 단어 목록만으로 탐지에 한계를 보이는 구와 문장 단위의 비윤리적 표현으로, 인공지능 학습용 데이터 등에서 비식별화 대상이거나 세밀히 다루어져야 할 표현이다.

**표 6-1.** 비식별화의 대상과 단위

| 문장 | 비식별화 대상 | 단위 | 유형 |
|---|---|---|---|
| 존나 불안한 거임 | 존나 | 단어 | 욕설 |
| 한남 ㅅㅂ | 한남, ㅅㅂ | 단어 | 욕설 |
| 몸 파는 창련은 지가 뭔데 | 몸 파는 창련 | 구 | 성적 표현 |
| 여성들에게 큰일을 맡기면 회사가 어려워진다 이런 내용들도 포함됐습니다. | 여성들에게 큰일을 맡기면 회사가 어려워진다 | 문장 | 혐오·차별 |
| 한마디로 조지고 싶은 놈을 잡아서 조지면 | 조지고 싶은 놈을 잡아서 조지면 | 구 | 공격적 표현 |

(3)

ㄱ. 성차별: 여의사, 여필종부, 관능미…

ㄴ. 인종 차별: 오랑캐, 쪽발이, 검둥이, 똥남아…

ㄷ. 장애 차별: 귀머거리, 난쟁이, 소경, 미친놈…

ㄹ. 지역 차별: 멍청도, 깽깽이, 경상디언, 빽질이…

ㅁ. 직업 차별: 도배공, 옹기장, 신호수, 잡역부…

ㅂ. 종교 차별: 개독교, 땡중, 무당질, 개슬람…

ㅅ. 기타 차별: 상것, 하층민, 늙은것, 뚱보, 호모 (이정복, 2017: 12~13)

(3)과 같은 목록만 활용할 경우, “성격이 개씹이거나”,

"아침 되면 캐리어에 개미들 존나 많대"와 같은 대화에서 '개씹, 존나'는 비식별화 대상으로 맥락과 무관하게 항상 비식별화되어야 하므로 비식별화 단위에 대한 쟁점이 없다. 반면에 "중국인들 짱 많대 ㅋㅋㅋ 괜찮을까?", "난민들이 뭐 강간을 하네"와 같은 문장의 경우에는 비식별화 단위를 최대화할 것인지, 최소화할 것인지에 대한 쟁점이 있다.

이들 문장에서 비식별화 단위를 최소화하고, 활용 가능한 데이터를 최대화하기 위해서는 '중국인, 난민'만 비식별화하면 되는데, 이는 해당 단어만 제거하면 해당 표현에서 비윤리성을 발견할 수 없기 때문이다. 비식별화를 통해 삭제되는 데이터가 많아지면 활용 가능한 데이터의 양이 줄어들기 때문에 데이터 활용의 최대화를 위해 고려할 만한 방법이다.

그러나 '중국인, 난민'만을 비식별화하게 되면 비식별화된 비윤리적 표현 목록을 학습용 데이터로 활용하기 어렵다. 즉 향후 자동으로 비윤리적 표현을 탐지할 수 있도록 하는 학습 데이터로 활용하기 위해서는 맥락을 포함한 비식별화 단위를 설정하는 것이 유용할 것이다. 비윤리적 표현에 대해 데이터 훼손을 최소화하여 비식별화할 것인지, 학습용 데이터 구축을 위해 맥락을 충분히 포함하여 비식별화할 것인지는 데이터 구축 목적에 따라 선택될 수 있을 것으로 보인다. 이에 앞서 비윤리적 표현의 식별에는 무엇이 비윤리적 표현인가에 대한 언어 단위의 쟁점, 명제적 의미 이면에 존재하는 비명시적 표현과 반어적 혐오 표현에 대한 언어학적 연구가 우선되어야 한다.

## 참고문헌


김지혜(2019). 《선량한 차별주의자》. 창비.

남길임 외(2022). "사용역에 따른 비윤리적 표현의 분포와 사용 양상 연구: 방송 대화와 메신저 대화를 중심으로". 《사회언어학》, 30(3), 91~119쪽.

방승주 외(2024). "한국어 반어 표현 탐지기". 《정보처리학회 논문지》, 13(3), 148~155쪽.

이신행(2021). "편향적 인공지능: 네이버의 악플 탐지용 인공지능 '클린봇'이 판별한 혐오표현의 유형 분석". 《사이버커뮤니케이션학보》, 38(4), 33~75쪽.

이정복(2017). "한국어와 한국 사회의 혐오, 차별 표현". 《새국어생활》, 27(3), 9~31쪽.

Joshi, A. et al.(2017). Automatic sarcasm detection: A survey. *ACM Computing Surveys (CSUR), 50*(5), pp.1~22.

Sung, M. et al.(2025). Can large language models understand sarcastic hate speech? An experimental study on detecting sarcastic hate speech targeting Muslims in Korean. In Proceedings of Corpus Linguistics Conference 2025.

# 07
# 메신저의 비윤리적 표현

우리가 일상적으로 사용하는 메신저에는 어떤 비윤리적인 표현이 나타날까? 메신저는 친밀도가 높은 사적인 관계에서 주로 사용하는 매체로서, 차별과 혐오 표현 등 다양한 비윤리적 표현이 나타난다. 메신저에서는 인종/국가, 성별, 나이/세대, 장애/질병, 계층, 정치, 종교, 외모, 지역 등에 대한 다양한 차별과 혐오 표현이 나타났으며, 이는 우리 사회의 편향적, 공격적, 부정적인 태도를 잘 보여 준다.

AI와 애니메이션?

## 메신저에 나타난 차별·혐오 표현의 유형

메신저 언어는 주로 구어에서 이루어지던 사적인 일상 대화가 글, 즉 문자의 영역으로 이동한 사례로, 비윤리적인 표현을 상당수 포함하고 있다. 남길임 외(2022)에서 언급한 바와 같이 메신저 내 비윤리적 표현 전체 중에서 욕설의 비중이 전체의 90%가량으로, 메신저에서는 욕설이 압도적으로 많이 사용된다. 이는 메신저에서는 대화 상대가 욕설을 사용해도 거리낌 없을 정도로 가까운 사이인 경우가 많고, 방송이나 포털과 같이 욕설을 사용하는 데 제약을 받지 않기 때문이다. 여기에서는 송현주 외(2022)를 중심으로 메신저에 나타난 비윤리적 표현 가운데 차별과 혐오 표현의 유형과 특성을 살펴보기로 한다.

메신저에서 사용된 차별과 혐오 표현은 인종/국가, 성별, 나이/세대, 장애/질병, 계층, 정치, 종교, 외모, 지역, 기타로 유형화할 수 있다. 이들 유형 중에서 차별과 혐오 표현의 상위 일곱 개 항목인 '인종/국가, 성별, 장애/질병, 나이/세대, 계층, 정치, 종교'가 전체의 96.3%를 차지하며, 특히 '인종/국가, 성별'과 관련된 차별과 혐오 표현이 약 60%로 나타난다. 이는 메신저 대화가 일상적인 주제로 자유롭게 나눈 대화이며, 주제의 면에서 여행, 음식 등과 관련한 내용이 많기 때문인 듯하다. 또한 여행지를 소개하거나 여행 경험을 이야기하는 맥락, 국내에 체류 중인 외국인에 대한 인식을 이야기하는 맥락 등에서 인종 및 국가와 관련된 차별과 혐오 표현이 다수 나타났다. 또 대화 참여자의 약 74%가 여성으로 전체 대화에서 여성의 참여율이 매우 높은데, 이러한 이유로 분석 대상이 된 메신저 대화에서 남성에 대한 부정적인 평가 및 차별과 혐오를 담은 표현의 비율이 상대적으로 높게 나타나는 것으로 보인다. 다음에서는 메신저 대화에 나타난 차별과 혐오 표현의 주요 유형을 사례와 함께 살펴보기로 한다.

## 인종/국가와 관련된 차별·혐오 표현

메신저 대화에서는 인종 및 국가와 관련된 차별과 혐오 표현이 가장 많이 나타나는데, "유럽의 짱깨 갈긴 함, 왜놈들 불매, 쪽바리 새끼들 찬 밤에 열 오르게 하네, 무튼 조뿐 미개함" 등이 있다. 여기에서 사용된 '짱깨, 왜놈, 쪽발이, 조뿐'은 모두 중국인과 일본인에 대한 혐오를 드러내는 표현이다. 또 "재수 없는 일본 놈들, 유럽은 가기 싫다 백인들이 설쳐서, 미국 재수 없어, 개발한 거 중국인이냐"와 같은 표현은 '일본인, 백인, 미국'이라는 인종과 국가에 대한 차별과 혐오감을 드러낸다. 이 가운데서

'개발한 거 중국인이냐'라는 표현은 맥락에 따라 비윤리성 여부를 판단해야 한다. 칭찬의 맥락이라면 이 표현은 차별이나 혐오를 드러내지 않겠지만, 해당 문장은 프로그램에 대한 불신을 드러내는 맥락에서 사용되었으므로 차별과 혐오 표현으로 볼 수 있다.

다음과 같은 메신저 대화 사례에서는 외국인에 대한 차별과 혐오가 심각하게 나타난다.

(1)

화자 1: 우리 동네 이번에 / 입학하는 애들 중에 / 한국인 한 명밖에 없대;;

화자 2: 진짜 돌았다ㅜㅜㅜ / 걔가 이제 왕따 당하는 거 아니냐ㅜㅜ (중략) / 진짜 싫어 / 아니 여기 와서 여기 법 따르는 것도 아니고 / 지들 멋대로 하는 애들을 자꾸 왜 받아 줘 (중략) / 존나 싫어 / 불체자 다 쫓아내 / 건보료 긁어먹는 애들 돌려보내고

화자 1: 그니까 / 건보료가 제일 빡쳐 / 건강 보험 왜 빡세게 안 잡냐고 씨바

(1)의 메신저 대화는 외국인에 대한 혐오를 거침없이 드러내고 있다. 즉, 중국인 전체를 대상으로 '불법 체류

자', '건강 보험료를 긁어먹는다'라고 하면서 사실과 무관한 주장을 하는 동시에 '진짜 싫어, 존나 싫어, 빡쳐' 등과 같은 욕설과 함께 부정적 감정을 표현하며 중국인에 대한 차별과 혐오감을 거침없이 드러내고 있다. 이 같은 차별과 혐오 표현은 인공지능 학습 데이터로 사용될 경우 그 위험성이 클 뿐만 아니라, 실제 외국인에 대한 차별적 행동이나 범죄로 이어질 가능성이 있다는 점에서 우려할 만하다.

## 성별과 관련된 차별·혐오 표현

성별에 따른 차별과 혐오 표현은 여성 또는 남성의 특정 행위나 속성을 일반화하면서 대상에 대한 혐오감을 드러낸다. 예를 들어 '맘충, 술집 여자, 한남'은 아이를 기르는 어머니의 특정 행동, 술집에서 일하는 여성의 특정 행동, 한국 남자의 특정 행동에 대한 비난과 혐오를 포함한 표현이다. 특히 '맘충'은 양육의 책임은 부모 모두에게 있고 부모 대부분은 그 역할을 잘하고 있음에도 불구하고, 아이를 양육하는 어머니 전체를 비합리적이고 이기적인 집단으로 치부하게 된다는 점에서 문제가 된다.

이설희 외(2020)는 유럽 평의회(Council of Europe, 2013)가 성차별에 근거한 혐오 표현이 인터넷에서 일상적으로 유통되고 있으며, 특히 청년 여성들이 주요 대상이 되고 있다는 점에 우려를 표명하였음을 지적했다. 또한 이종일(2017)은 언어로 한번 규정되면 주위에 부유하던 현상이 언어를 중심으로 견고하게 굳어진다고 하면서, 일례로 '맘충'에서 언급한 행위들이 예전에도 존재했지만, '맘충'이라고 규정되는 순간 모든 행위가 혐오 표현의 대상이 된다는 점을 지적한 바 있다. 따라서 우리가 일상적으로 사용하는 메신저에서 나타나는 성별에 따른 차별과 혐오 표현은 한국 사회의 성별 갈등을 강화하고 고착할 수 있다는 점에서 주의가 필요하다.

## 나이/세대와 관련된 차별·혐오 표현

메신저 대화에서는 성별뿐만 아니라 특정 나이나 세대에 대한 차별과 혐오 표현도 적지 않게 나타난다. 메신저 대화에 나타난 나이와 관련된 차별과 혐오 표현의 예로 "틀딱이 될 것 같은 느낌, 우리가 이미 노땅, 난 급식충이잖아, 몇 년째 학식충인지, 웬 젊은 놈이 기대려 해서 개등에 대고 폰함, 어린노무 새끼가" 등이 있다. 이들 대화에서 사용된 '틀딱, 노땅, 급식충, 학식충, 젊은 놈, 어린놈'에서 보다시피, 화자들은 '노인'뿐만 아니라 전 세대에 걸쳐 다른 세대에 대한 차별과 혐오 표현을 사용하고 있다.

메신저 대화는 대개 친밀한 사이에서 이루어지므로 대화 당사자가 아닌 제삼자에 대한 차별과 혐오감을 직접적으로 표현한다는 특징이 있다. 따라서 자신이 포함되지 않은 세대에 대해 말할 때 차별과 혐오 표현을 적지 않게 사용하곤 한다. 예를 들어 "할매 할배 어디를 그렇게 가나, 개싫음"과 같은 대화에서 화자는 노인 세대가 지하철을 이용하는 것에 불만을 드러내며, "거긴 그냥 지옥철이라 노답 / 아저씨들 아줌마들 유독 그러는 듯"이라고 하면서 중년 세대에 대한 혐오를 나타낸다. 또한 "지금 50 넘은 직원들 옆에 가면 쉰내 나요"와 같은 대화도 보이는데, 이는 50대 이상의 세대에 대한 혐오감을 표현한 것이다. 어느 세대든 지하철은 자유롭게 이용하는 것이 마땅하다. 길을 잘 비켜 주지 않는 것이나 냄새가 나는 것은 개인의 특성일 뿐 특정 세대 전체의 특성이 아니다. 그럼에도 불구하고 이와 같은 표현을 사용하는 것은 특정 세대에 대한 차별과 혐오를 드러내는 것이다.

메신저에서 사용된 차별과 혐오 표현은 향후 인공지능 학습용 데이터의 구축과 활용 시에 윤리적 문제를 유발할 수 있는 주요 범주다. 따라서 이들 비윤리적 표현의 유형과 특성에 대한 지속적인 연구가 필요할 것이다.

## 참고문헌

남길임 외(2022). “사용역에 따른 비윤리적 표현의 분포와 사용 양상 연구: 방송 대화와 메신저 대화를 중심으로”. 《사회언어학》, 30(3), 91~119쪽.

송현주 외(2022). “차별과 혐오 표현의 식별과 사전 활용의 쟁점 – 메신저 대화 말뭉치를 중심으로 –”. 《동서인문》, 20, 5~36쪽.

이설희 외(2020). “온라인 성차별적 혐오표현의 특징과 내용 규제 쟁점”. 《미디어, 젠더 & 문화》, 35(3), 61~103쪽.

이종일(2017). “사례분석을 통한 한국 혐오스피치의 특징”. 《사회과교육연구》, 24(4), 51~73쪽.

## 08
## 방송의 비윤리적 표현

방송 대화는 공적인 구어로, 방송 심의를 준수해야 하는 까닭에 메신저에 비해 비윤리적 표현이 상대적으로 적게 나타난다. 방송에서는 욕설이 가장 높은 비중으로 나타나며, '빨갱이, 문빠' 등과 같은 혐오 · 차별 표현이 그다음으로 많이 나타난다. 이들 비윤리적 표현은 원래의 형태를 변형하여 사용하고, 직접 발화가 아닌 인용 형식을 주로 사용하며, 사람과 관련된 표현이 많다는 특징이 있다.

AI와 인재 채용?

## 메신저와 방송의 차이

다양한 비윤리적 표현의 유형과 사용역에 따른 분포적 특성은 인공지능 학습용 데이터 구축에서 주요 쟁점이 된다. 앞서 살펴본 메신저는 사적이면서 구어를 문자화한 것이라는 특징이 있는 반면에, 방송은 공적인 구어로 심의 절차를 포함하고 있다는 점에서 차이가 있다. 이러한 이유로 이들 두 사용역 간 비윤리적 표현의 출현 빈도와 특성에 차이가 발생한다.

남길임 외(2022)에서 방송 대화(약 700만 어절)와 메신저 대화(약 140만 어절)를 비교 분석한 결과에 따르면 방송 대화에서 비윤리적 표현이 사용된 어절은 전체의 0.01%에 불과하나, 메신저의 경우 0.3%를 차지한다는 점에서 사용역별 비윤리적 표현의 사용 정도에 큰 차이가 있었다. '방송'은 「방송 심의에 관한 규정」 제51조, 즉 '방송 언어는 바른 언어생활을 해치는 억양, 어조, 비속어, 은어, 저속한 조어 및 욕설 등을 사용하여서는 아니 된다'는 조항을 준수해야 하므로, 메신저에 비해 비윤리적인 표현의 사용 비율이 상대적으로 낮다.

물론 방송 심의 규정이 있음에도 방송에서의 비윤리적 표현의 사용은 여전히 문제다. 주창윤(2017)은 유료 채널의 경우 방송 언어 위반 사례가 지상파에 비해 높게 나타나고 있으며, 이와 같은 경향이 지난 10년 동안 점차 증가하고 있다고 했다. 또한 방송통신심의위원회(2020)의 《2021 방송 언어 조사 자료집》을 보면 비속어와 폭력적 언어 사용이 여전히 문제임이 잘 드러나는데, 2021년 방송된 〈신서유기 8〉에서는 '미친놈, 야이c, 이쒸, 때끼, 美친자, 바보, 목을 땄잖아' 등 다양한 비윤리적인 표현이 사용되었다.

## 형태를 변형한 비윤리적 표현의 사용

방송은 공공성이 높은 매체이므로 비윤리적 표현의 사용량이 메신저에 비하면 현저히 적고, 원래의 형태를 변형해서 사용한다는 특징이 있다.

'씨발'이라는 표현을 피하기 위한 변이형에는 '신발, 띠발, 씨비, 식빵, 씨바, 띠발, 시불, 엑스팔, 십팔' 등이 있고, '새끼'에 대한 변이형에는 '시키, 쉐끼, 쉐이, 새이, 띠때끼' 등이 있는데, 방송에서는 이 두 유형이 특히 다양한 변이형으로 나타나며 욕설 전체의 40% 이상을 차지한다.

예를 들어 "제가 저번에 여기서 음악이 갑자기 나오니까 어머 어머 나도 나도 모르게 놀라 가지고 어머 어머 띠발 이랬거든요, 예", "그쪽 욕이 뭐가 있죠 뭐 시불 놈 같은 거 있나?", "너 이 시키 태도가 빳빳해 호통치기도 했는데", "또 물어보냐 쉐이야 막 이러면서 인제" 등이 있다. 욕설인 '씨발, 시발 놈, 새끼'에 대해 방송 대화에서는 '띠발, 시불 놈, 시키, 쉐이'와 같은 변형된 형태를 사용한 것이다.

이는 실제 공적인 성격이 강한 방송에서 '씨발, 새끼'와 같은 비윤리적인 표현을 직접적으로 발화하는 것에 대한 부담을 줄이기 위한 것으로 보인다. 이는 온라인상의 댓글에서 욕설이나 비속어가 자동으로 삭제되는 것을 피하기 위해 'X발, 시1발, ㅅㅣ발, tlqkf' 등과 같은 변형된 형태를 사용하는 것과 마찬가지로, 방송 심의를 피하기 위한 의도가 있을 것이다.

## 인용을 통한 비윤리적 표현의 사용

방송에서 사용된 비윤리적 표현의 63%가량은 대화 당사자를 향한 직접적인 발화가 아니다. 즉, 방송 대화에서는 발화자가 직접적으로 비윤리적 표현을 사용하기보다는 타자의 말을 인용하여 쓰는 경향이 있다.

예를 들어 "지나가면 뭐 껌퉁이 튀기 새끼 전 그렇게 들어 봤지, 혼혈인 하니까 굳이 뭐 기분 나쁜 게 없어요. 아주 대접받는 것 같아요", "뭐 조선 시대로까지 올라가면 그 유명한 화냥년이라는 표현도 있죠?", "유행어가 있었는데 / 지랄하고 자빠졌네 이거 / ○○ 씨가 정말 욕을 맛있게 하거든 근데 욕을 할 기회가 없어 너무 안타까워" 등이 있다. 여기에서 '껌퉁이, 튀기 새끼'는 다른 사람이 자신에게 사용한 혐오 · 차별 표현을 인용한 것이고, '화냥년'이라는 표현은 차별 · 혐오 표현의 한 예로 갖고 온 것이며, '지랄하고 자빠졌네'는 드라마에서 사용된 욕설에 관한 대화 내용 중 일부를 인용한 것이다.

방송에서는 사실 보도 또는 정치나 사회 문제와 관련한 대화에서 비윤리적 표현을 인용하곤 한다. 예를 들어 "네 굉장히 안 좋은 표현들이죠. 국가인권위원회가 전국 초중고교 등 1만 2000여 곳에 혐오 표현 대응 안내서를 배포했습니다. 이 안내서에서 혐오 표현은 성별이나 장애, 종교 등을 이유로 개인이나 집단에 대해 모욕, 비하하거나 이들에 대한 차별을 당연하게 여기고 부추기는 언행으로 정해져 있습니다. 예를 들어서 김치녀 뭐 급식충 짱깨 등에 해당이 되구요. 여성들에게 큰일을 맡기면 회사가 어려워진다, 이런 내용들도 포함됐습니다"에서 사용된 '김치녀, 급식충, 짱깨, 여성들에게 큰일을 맡기면 회사가 어려워진다'는 국가인권위원회에서 배포한 혐오 표현 대응 안내서에 실린 표현을 인용하여 보도하는 과정에서 나타난 비윤리적 표현이다.

## 사람과 관련된 비윤리적 표현의 사용

방송 대화에서는 '사람'과 관련된 비윤리적 표현이 전체의 절반 이상을 차지한다는 특징이 있다. 예를 들어 '미친놈, 새끼, 병신, 개돼지, 돌아이, 양아치'와 같이 장르와 무관하게 널리 사용되는 '사람'에 대한 욕설이 나타난다.

또한 "지금도 좌파라고 그러면 내가 빨갱이란 얘긴가 이게 무슨 얘긴가 아 뭐 그러고 있어요", "보통 월남한 사람들을 속된 말로 이렇게 표현하죠. 삼팔 따라지", "그러니까 문빠 뭐 달창 이런 표현을 쓰셨잖아요" 등과 같은 대화에서 사용된 '빨갱이, 삼팔 따라지, 문빠, 달창, 빨갱이 폭도, 좌좀, 좌빨' 등은 정치적인 대립에 따른 혐오와 차별 의식을 드러내는 표현이다.

방송 대화는 정치 분야의 비율이 전체의 12%를 차지하지만, 메신저는 일상 대화를 수집한 것으로 정치를 주제로 한 대화가 드물다. 따라서 방송 대화에서는 정치적으로 대립되는 대상에 대한 '사람'과 관련된 비윤리적인 표현의 사용 빈도가 높다는 특징이 있다.

공적 성격을 갖는 방송은 사적 성격을 갖는 메신저와는 달리, 비윤리적인 표현이 상대적으로 적게 나타나지만 비윤리적 표현이 나타나지 않는 것은 아니다. 따라서 향후 학습 데이터로서의 데이터를 구축하고 배포할 때, 비윤리적 표현의 식별에 앞서 사용역에 대한 고려가 필수적이며, 사용역의 특성을 고려하여 분석 지침을 마련하고 비식별화할 필요가 있다.

## 참고문헌

남길임 외(2022). "사용역에 따른 비윤리적 표현의 분포와 사용 양상 연구: 방송 대화와 메신저 대화를 중심으로". 《사회언어학》, 30(3), 91~119쪽.

방송언어특별위원회(2022). 《2021 방송언어 조사자료집》. 방송통신심의위원회.

주창윤(2017). "방송의 품위와 방송언어". 《한글》, 317, 121~145쪽.

## 09
## 비윤리적 표현과 사전

사전은 인공지능 학습용 데이터를 구축하거나 인공지능이 비윤리적 표현을 탐지하는 데 명시적인 근거를 제공한다. 그러나 사전이 ‘단어’ 수준을 제공하고 있다는 구조적 한계, 기존 사전이 가진 표제어 선정의 보수성, 업데이트 속도 등의 한계가 있다. 따라서 비윤리성 탐지를 위한 사전은 단어 이상의 단위를 고려함과 동시에 표제어의 범위를 확장하고, 비윤리성에 대한 정보를 명시적으로 담아야 할 필요가 있다.

AI와 기자?

## 비윤리적 표현의 식별에 대한 사전의 한계

비윤리적인 표현은 대체로 특정한 단어나 표현보다는 구나 단어의 연쇄, 문장 등의 단위에 나타나는 경우가 많고, 맥락에 따라 비윤리성 여부를 판단해야 하는 경우도 적지 않다. 따라서 단어 단위의 구조를 가지는 전통 사전학의 텍스트 구조를 고려할 때, '사전'이 비윤리적 표현의 식별을 위한 주요 자원이나 기준이 될 수 있는지에 대한 근본적인 고민이 필요하다. 특히 국내 사전이 갖고 있는 보수성과 규범성 등을 고려할 때, 사용자들이 기존 단어를 넘어 생성하고 유통하는 자소 표현이나 새로운 형태의 비윤리적 표현의 업데이트가 부족하다는 한계가 있다.

명시적인 사전 정보는 인공지능 학습용 데이터를 구축하는 데 윤리적 근거를 제공한다는 점에서 효용성이 있어 데이터 내 비윤리적 표현의 자동 탐지에 활용될 수 있다. 하지만 사전 업데이트 속도의 문제, 전통 사전의 등재 단위가 갖고 있는 한계가 존재한다는 사실을 고려할 필요가 있다.

## 사전에 등재된 비윤리적 표현

사전에는 대체로 단어 단위만 등재되어 있고 구 단위 표현으로는 '결정 장애, 선택 장애, 분노 조절 장애' 정도의 짧은 명사구 수준의 표현만이 등재되어 있다.

특정 어휘의 경우에는 뜻풀이 메타 정보로 '낮잡아 이르는, 속되게 이르는' 등으로 비하의 의미를 갖고 있음을 알려 주는 내용을 포함하기도 하지만, 차별과 혐오를 드러낼 가능성이 있는 표제어에 관련된 정보가 없는 경우가 대부분이다.

대표적인 사례로 '노인네'가 있다. 《표준국어대사전》에서는 '노인네'를 '나이가 많아 중년이 지난 사람'으로 뜻풀이하고 있을 뿐이다. 그러나 실생활에서 사용되는 '노인네'는 연장자에 대한 비하의 의미를 포함하고 있다. 즉 노인에 대한 차별이나 혐오 인식을 드러낼 때 '노인네'라는 단어가 사용된다. 실제로 안순태 외(2021)에 따르면 온라인상에서 가장 많이 쓰인 노인 혐오 표현은 '노인네(6,894건)'였다. 또한 '노인네'가 들어간 댓글에 나타난 상위 단어들은 '미치광이, 정신, 노망난, 나이, 인간, 틀딱, 거지, 문제, 깡패' 등이었다고 한다.

사전에는 '정신병자, 사이코, 병신, 또라이, 미친놈, 미친년, 미친것, 바보 멍청이, 밥통, 염병, 귀먹다, 벙어리, 난쟁이' 등의 비윤리적 표현이 등재되어 있다. 이들은 장애와 질병 유형에서 가장 많이 나타났는데 오랜 기간 이들 표현이 별다른 의식 없이 사용되어 온 까닭이다.

사전에는 국가, 성별, 세대, 외모 등에 대한 차별과 혐오를 담은 비윤리적 표현도 수록되어 있다. '왜놈, 짱깨, 빠순이, 노땅, 늙다리, 애새끼, 영감탱이, 노인네, 어린놈, 촌년, 촌놈, 돼지, 뚱땡이, 빡빡이, 식충' 등이다. 그런데 이 가운데 '짱깨'는 "'자장면'을 속되게 이르는 말"로 뜻풀이되어 있으나, 실제로는 '중국인'을 비하하는 의미로 사용되며 '짱개'로 사용되는 경우도 다수 확인된다. 따라서 비윤리적 표현의 사전 등재 범위와 형태, 뜻풀이 등에 대한 보다 포괄적인 논의가 필요하다.

## 사전에 없는 비윤리적 표현

우리가 사용하는 모든 언어가 실시간으로 사전에 등재되고, 사전이 그 단어나 표현의 윤리성을 판별할 수 있다면 인공지능의 언어 윤리성은 매우 쉽게 확보될 수 있을 것이다. 그러나 사전은 실시간으로 생성되는 언어의 변화를 즉각 반영하기 어렵고, 특히 비윤리적 표현은 사전 표제어의 지위를 획득하지 못한 경우가 대부분이다.

(1)

ㄱ. 조뻔, 도태국, 쪽바리, 한남, 김치남, 창남, 창놈, 맘충,

냄져, 인셀, 틀딱, 틀내, 급식충, 학식충, 늙탱이, 시골탱이, 설명충, 걱정충, 담배충, 허세충, 밥충, 홍대충, 압구정충

ㄴ. ㅅㅂ, ㅈㄴ, ㅅㅂㄹ, ㄸㅂ

ㄷ. 시버류, 스벌탱, 싯펄, 좋나, 절라, 동나

위의 예들은 온라인이나 일상에서 접할 수 있지만 미등재된 표현들로 (ㄱ)은 차별 · 혐오 표현을 포함한 비윤리적 표현을, (ㄴ)과 (ㄷ)은 각각 사전의 등재 단위가 아닌 자소 표현과 클린봇 등을 피하기 위해 사용자들이 새로이 만들어 낸 비윤리적 표현의 변이형들이다.

일반적인 국어사전을 전제로 논의할 때 이들 비윤리적인 표현을 모두 사전에 등재해야 할 것인가 하는 것은 논의의 여지가 있다. 기존 사전은 비속어를 비롯한 이러한 비윤리적 표현을 등재하지 않는 것을 관행으로 삼아왔다. 이는 사전이 비교적 아름답고 우아한, 바른 언어만을 등재해야 한다는 해당 언어 공동체의 가치와 깊은 관련이 있다. 하지만 클루터(Cloete, 2014: 482)는 "사전, 특히 범용적 단일어 사전의 경우에는 언어를 반영하고 그 언어에 존재하는 문화를 반영해야 한다. 비록 그 문화가 인종 차별적이고, 성차별적이거나 정치적으로 다소 부정확하다 하더라도"라는 전혀 다른 시각을 제시한다.

반면 온라인 기반의 사용자 참여형 사전인 어번 딕셔너리(Urban Dictionary)에서 수집한 일부 저빈도 신어는 특정 집단에 대해 모욕적 · 차별적 표현을 포함한다. 다만 중요한 것은 사전 편찬 팀이 가능한 한 실제 언어 환경을 재현하기 위해 데이터를 그대로 수집했지만, 해당 단어들을 지지하거나 가치 있다고 보는 것은 아니라는 점이다.

세상의 모든 언어를 가치 중립적으로 또는 있는 그대로 등재하고자 하는 사전학자의 바람과, 사전을 다소 규범적으로 유지하고자 하는 사용자의 관점은 국내외, 동서양을 막론하고 어느 정도는 유사하다. 하지만 인공지능 시대에는 인간을 위한 사전뿐만 아니라 기계를 위한 사전도 고려되어야 한다. 언어 윤리성에 기여하는 사전을 새로이 구축하고자 한다면 모든 단위를 등재하고, 각각의 표제어가 가지는 비윤리성과 사용상의 유의점 등과 같은 메타 정보를 명시적으로 제시하는 것도 바람직하다. 인간이든 기계이든 언어 윤리에 대한 일정한 기준은 필요하고, 사전이 그러한 기준이 되는 데 가장 유용한 구조이기 때문이다.

## 비윤리적인 표현의 표제어 등재

현재 사전은 비윤리적 표현을 소극적으로 등재하고 있어 실제 일상생활에서 고빈도로 사용되는 표현조차 사전에서 그 정보를 확인하기 어렵다. 미등재어에 대한 사전 등재 여부는 사전 편찬 기관이나 연구진의 기준에 따르는 것이 일반적일 것이다. 그러나 비윤리적 표현이라고 하여, 실제로 널리 사용되고 있음에도 사전에 등재하지 않는다면 사용자들은 해당 표제어의 의미와 용법을 확인하기 어렵다. 특히 사전에서 해당 표제어의 비윤리성에 대한 정보를 정확히 제공하고, 사용 시 주의할 점을 분명하게 제시한다면 언중의 궁금증을 해결해 줄 수 있을 뿐만 아니라, 언어 사용의 올바른 태도를 갖추는 데도 도움을 줄 수 있다.

매년 생성되는 새로운 단어들에는 멋지고 윤리적인 표현만이 존재하는 것이 아니다. 시대와 대중의 가치를 반영하는 다양한 표현들이 포함된다. 사전의 표제어 등재에서 윤리성을 얼마나 고려할 것인지는 해당 사회의 언중이 가진 인식과 관습 등을 고려해야겠지만, 사전학의 관점에서 보자면 비윤리적 표현을 포함한 모든 한국어는 어딘가에서 수집되고 관리되어야 한다. 대중의 언어를 그대로 보여 주는 신어 조사의 가치도 이러한 관점에서 재조명되어야 할 부분이 있는데, 상당수의 비윤리적 표현은 신어 등 새로운 형태나 기존 단어의 새로운 결합으로 나타나기 때문이다.

## 비윤리적인 표현의 사용 정보

사전은 해당 표제어가 비윤리적인 의미를 담고 있으며, 이를 주의해서 사용해야 한다는 정보를 직접적으로 제공하지는 않는다. 사용상의 유의점 대신 사전이 제공하는 정보는 '낮잡아 이르는 말, 속되게 이르는 말, 욕으로 하는 말' 등과 같은 메타적 뜻풀이다.

그런데 최근 포털에서 제공하는 《표준국어대사전》, 《우리말샘》, 《고려대한국어대사전》에서는 원래 이들 사전에서 제공하는 정보 이외에, 차별과 비하의 의미가 있는 표제어에 대한 주의 문구를 추가하여 제공하고 있어 주목된다. 한국인터넷자율정책기구(KISO)의 의뢰에 따라 수행된 황창근 외(2022)에서는 이와 관련한 절차와 방법, 의의 등이 상세히 기술되어 있다. 이 연구에 대한 결과물로, 2022년 3월부터 포털에서 제공하는 사전에는 일부 비윤리적인 표현에 대해 "차별 또는 비하의 의미가 포함되어 있을 수 있으므로 이용에 주의가 필요합니다"라는 주의 문구가 제시되어 있다.

사전은 사용자에게 언어에 대한 다양한 정보를 총체적으로 제공하는 만큼, 표제어가 차별과 혐오의 의미를 담고 있다면 사용상의 주의가 필요하다는 정보를 제공할 필요가 있다. 따라서 KISO에서 차별과 비하 표현에 대한 주의 문구를 추가한 것은 긍정적으로 평가할 수 있겠지만, 종래의 사전 뜻풀이를 기반으로 한다는 한계를 보인다. 이러한 접근은 뜻풀이 자체에서 차별, 비하, 혐오의 의미를 충분히 기술하지 못하고 있는 경우에는 주의 문구가 제시되지 않는다는 한계를 가진다.

인공지능 시대, 사전이 비윤리적 언어 탐지와 윤리적 인공지능에 기여하기 위해서는 우선적으로 거시 구조의 관점에서 사전 표제어 확충을 위한 전면적인 재검토와 보완이 필요하다. 또 미시 구조적 관점에서 사전에 등재된 표제어의 윤리성을 재분석하는 작업을 통해, 사전 내 비윤리적 표현에 대한 사용상의 주의점을 보다 충분히 제공할 필요가 있다.

### 참고문헌

안순태 외(2021). "온라인상에서 공유되는 노인에 대한 사회적 인식과 태도: 소셜 빅데이터 분석을 중심으로". 《한국노년학》, 41(4), 505~525쪽.

황창근 외(2022). 《국어사전의 차별 비하표현에 대한 평정 보고서》.

KISO.

Cloete, A. E.(2014). The treatment of sensitive items in dictionaries. In R. H. Gouws et al.(Eds.). *Dictionaries. An international encyclopedia of lexicography: Supplementary volume: Recent developments with focus on electronic and computational lexicography*, pp.482~486. De Gruyter Mouton.

## 10
## 비윤리적 표현을 어떻게 교육할까?

10대 청소년들은 스마트폰과 게임, 유튜브를 중심으로 하는 생활을 한다. 온라인 환경에서 언어 생산과 소비의 주체인 청소년들을 대상으로 한 비윤리적 표현의 교육이 필요하다. 욕설이나 성적 표현 등의 비윤리적 표현에 대한 교육은 오래전부터 있었으나, 차별과 혐오를 포함한 표현에 대한 교육은 최근 들어 주목받고 있다. 교육을 통해 학습자들은 차별과 혐오 표현의 개념과 해악에 대해 이해하고, 이를 통해 올바른 삶의 태도를 함양할 필요가 있다.

AI와 미래 의사?

## 비윤리적 표현에 대한 교육의 필요성

비윤리적 표현에는 욕설, 성적 표현, 공격적 표현, 비속한 말 등이 있지만, 이들에 대한 교육은 오래전부터 있어 왔을 뿐 아니라 청소년들도 해당 표현이 지닌 위해성을 비교적 잘 파악하고 있다. 그러나 차별과 혐오 표현에 대한 교육은 상대적으로 최근 들어 주목받고 있으며, 차별 · 혐오 표현의 개념을 잘 알지 못하는 경우도 적지 않다.

혐오 · 차별 표현에 대한 경험은 언어 그 자체로 머무는 것이 아니라 인간의 행동에 영향을 미친다. 정순둘 외(2022)에 따르면 비노인층이 온라인 또는 오프라인에서 접하는 노인 혐오 표현 경험은 모두 노인 차별 행위에 정적(+)인 영향을 미친다고 한다. 노인 혐오 표현 경험이 많을수록 노인 차별 행위 수준이 높게 나타남을 확인한 것이다. 또한 어떤 특정 집단을 폄하는 발화를 접하는 경험이 많을수록 자신의 차별 행위에도 정당성이 부여되어 차별 행위를 더 쉽게 할 수 있는 요인이 된다고 했다. 따라서 차별과 혐오 표현의 사용을 줄이기 위해서는 차별 · 혐오 표현을 사용하는 행위로 인해 나타나는 부정적 효과를 교육하는 것이 필요하다.

## 청소년의 미디어 이용 실태와 혐오 표현

배상률 외(2021)에 따르면 우리나라 중고등학생의 스마트폰 보유율은 98%이며, 이들이 가장 즐겨 하는 미디어 활동인 유튜브 이용률은 97.7%에 이른다. 이들 세대의 특성은 'SNS/유튜브 세대, PC방 및 게임 문화, 온라인을 통한 사회적 참여 세대, 사이버 폭력/혐오, 가짜 뉴스 노출' 등이다.

또한 한국갤럽의 2022년《혐오 표현 관련 대국민 인식 조사》에 따르면 혐오 표현을 접하는 비율은 오프라인보다 온라인상에서 높았으며, 94%가 혐오 표현이 심각한 문제라고 답했다. 또한 혐오의 대상은 '정치적 이념 또는 지지 정당이 다른 자(63.4%) 〉 여성(47%) 〉 노년층(40.4%) 〉 남성(38%) 〉 성 소수자(37.8%) 〉 국내 거주 이주 노동자, 난민, 기타 이주민(36.2%) 〉 종교적 신념이 다른 자(34.1%) 〉 외국인(34%) 〉 자신이 속하지 않은 지역 주민(30.8%)' 등으로 나타났다.

이처럼 청소년들의 대부분이 스마트폰을 갖고 있으며 SNS와 유튜브, 게임을 중심으로 하여 온라인에서 언어를 생산하고 소비하며, 그 과정에서 차별과 혐오 표현을 적지 않게 접하고 있다. 국민의 대다수가 혐오 표현을 심각한 문제로 인식하고 있다는 점을 고려할 때, 청소년들의 실질적 언어생활이 온라인 중심이 되고 있다는 점을 고려한 비윤리적 표현에 대한 교육이 필요하다.

## 사회과에서의 혐오 표현 교육

'한국 사회에서의 혐오'(《한국일보》, 2016.5.22.)라는 기사문을 보면 우리 사회에서 2011년부터 2016년까지 나타난 '혐오' 관련 단어는 '소수자, 여성, 외국인, 장애인' 등 시설이 아닌 '사람'과 함께 사용된다. 2016년 강남역 여성 살해 사건, 2018년 제주도 예멘 난민 입국, 2020년 코로나 발생 등의 사건은 특정 대상에 대한 차별과 혐오를 드러내는 비윤리적 표현의 사용을 확대하고, 청소년들의 삶에 적지 않은 영향을 미치고 있다. 이러한 사회적 변화는 학교에서 논쟁적인 주제를 다룰 필요를 불러왔고, 특히 사회과에서 이러한 주제에 관해 관심을 기울여 왔다.

먼저, 이종일(2017)은 신문 기사문 사례를 바탕으로 한국의 혐오 표현이 갖는 특징을 분석하고 사회과 교육의 과제를 제시했다. 여기에서는 인종, 성별, 성 소수자, 장애인, 임산부, 세대, 학벌, 지역 등 10여 가지로 나누어 혐오 표현의 유형과 사례를 제시하고 있다. 이종일(2017: 54)에 제시된 이주민에 대한 혐오 발언과 관련한 사례는 다음과 같다.

(1)

ㄱ. 왜 남의 나라에 와서 일하냐. 당신들 때문에 일자리가 없어진다.

ㄴ. 출입국 심사관들이 동남아 외국인 노동자에게 한국말로 '거기 서 있어', '기다리라고 했잖아', '내 말 못 알아들어' 등 반말을 했다고 한다.

ㄷ. 동남아 여성들이 노인이랑 결혼해서라도 한국에 시집 오려는 이유

(1)에서 보다시피 흑인뿐만 아니라 한국인과 같은 아시아인이더라도 출신 국가의 소득을 기준으로 수직적인 신분 관계를 설정하여 혐오 발언을 한다. 이러한 점을 고려할 때, 사회과에서는 다양성・다문화주의를 사회적 정의로 보고 민주 시민성 함양을 교육 목표로 삼아야 한다.

사회과 교육에서의 혐오 표현에 관한 교육은 사회적 현안으로서 혐오와 차별 문제를 다루며, 그 과정에서 차별과 혐오 표현을 함께 다루고 있다는 특징이 있다.

## 국어과에서의 차별 표현 교육

법학이나 사회학 분야에서는 '혐오', '혐오 표현'이라는 용어를 주로 사용하지만, 국어과에서는 이전부터 '차별 표현'이라는 용어를 사용하고 이를 교육해 왔다. 차별과 혐오는 그 강도에 차이가 있으나, 편견을 바탕으로 한 차별은 혐오로 쉽게 이어질 수 있다는 점을 고려하면 차별 표현과 혐오 표현은 함께 다룰 만하다.

2022 개정 국어과 교육 과정을 살펴보면, '차별적 표현, 편견 및 고정 관념을 유발하거나 사실을 왜곡하는 표현, 갈등을 조장하거나 강화하는 표현, 차별 · 혐오 표현'에 대해 다룰 수 있도록 하고 있다.

국어과에서 차별 표현을 교육할 때, 첫째로 학습자 스스로가 차별 표현의 개념을 정립하고 판단 기준을 설정할 수 있도록 할 필요가 있다. 예를 들어 '귀머거리, 튀기, 여편네, 사내, 초딩, 노땅, 갓난쟁이, 말라깽이, 키다리' 등과 같은 단어를 제시하고, 이 중에서 차별적인 표현은 무엇인지, 왜 그렇게 생각하는지 토의해 보게 할 수 있다.

또한 판단이 어려운 경우에는 "학과에서 나를 앵벌이 교수로 내보냈다. 학생 모집하러 고등학교 교무실에 들어가면 선생님들이 잡상인 보듯 했다"(《조선일보》, 2023.1.7.)와 같이 실제 해당 단어가 사용되는 맥락을 확인하게 해 보는 것도 좋다. 다음과 같은 관련 자료를 제공하여 해당 표현이 차별적인지 생각해 보게 하거나 읽을거리를 제공하여 생각을 확장할 수 있도록 안내하는 것도 좋겠다.

"잡상인은《표준국어대사전》에 '일정한 가게 없이 옮겨 다니면서 자질구레한 물건을 파는 장사꾼'으로 풀이된 표준어이지만, 사회 통념상 비하와 부정적인 의미를 담고 있어 용어를 바꿔 사용하기로 했다고 서울시는 설명했습니다. 이에 따라 지하철 역사와 열차 안에서 사용되는 안내문과 안내 방송 등에서 '잡상인'은 '이동 상인'으로 바꿔 사용되게 됩니다"(SBS, 2012.05.31.).

다음으로 차별 표현 사용의 문제와 해악을 인식하고 올바른 언어생활을 실천할 수 있도록 교육해야 할 것이다. 특히 차별 표현은 끊임없이 생성, 확산, 소멸되므로 단순히 차별 표현 목록을 제시하는 것보다는 올바른 언어 사용에 대한 태도를 기르는 것을 목표로 삼는 것이 좋다.

## 교과 융합을 통한 차별 표현 교육

안혜정(2021)은 고등학생을 대상으로 하여 '차별과 혐오'와 관련한 다양한 층위의 주제로 국어, 영어, 사회, 역사, 과학 교과가 함께 참여하는 수업을 계획하고 실행했다. (2)는 수업에 참여한 교사가 참여 이유에 대해 구술한 내용의 일부다.

(2)

차별에 내가 가해자일 수 있음을 아는 거 그게 저한테 제일 중요한 포인트였어요. (…) 내가 차별받거나 내가 나라서 혐오받지 않는 곳이라는 그 느낌을 주는 게 저한테 되게 큰 숙제였어요. (안혜정, 2021: 136)

이 수업은 두 달에 걸쳐 다양한 교과목을 통해 진행되었다는 점에서 주목할 만하다. 수업을 통해 학생들은 다양한 교과목에서 차별에 대해 생각해 볼 수 있었으며, 차별에 대한 경각심을 갖게 되었다고 한다. 한 학생은 "일상생활에서 내가 아무렇지 않게 하던 말이나 행동이 누군가에게는 상처가 될 수 있다는 사실을 알게 되었고, 다른 사람을 볼 때 내 마음속에 있는 편견을 최대한 없애려고 노력해야겠다는 생각이 들었다"라고 답했다. 즉, 학생들은 이 수업을 통해 자기 말이 차별 표현이 될 수 있음을 깨닫게 된 것이다.

앞서 살펴본 바와 같이 차별과 혐오 표현에 대한 교육이 사회과와 국어과 등에서 수행되어 왔고, 프로젝트형 수업을 통해 융합 교과로 운영된 사례가 있다. 인공지능 시대에 학습자들은 인공지능의 언어를 깊이 이해할 필요가 있고, 그중 하나로 비윤리적 표현에 대한 민감한 감수성을 가질 수 있도록 전 교과에서 협업할 필요가 있어 보인다.

## 참고문헌


구정화(2018). "사회과교육에서 혐오표현 관련 교육에 대한 시론". 《시민교육연구》, 50(3), 1~22쪽.

배상률 외(2021). 《청소년 미디어 이용 실태 및 대상별 정책 대응 방안 연구 Ⅱ : 10대 청소년》. 한국청소년정책연구원.

송현주(2023). "관용적 태도 함양을 위한 차별 표현 교육". 《어문학》, 68, 67~103쪽.

신혜정 외(2016.5.22). "한국 사회에서의 혐오". 《한국일보》. https://www.hankookilbo.com/News/Read/201605221397520254

안혜정(2021). "논쟁적 주제 '차별과 혐오'를 다룬 고등학교 사회현안 프로젝트 수업 사례 연구". 《시민교육연구》, 53(3), 117~150쪽.

이종일(2017). "사례분석을 통한 한국 혐오스피치의 특징". 《사회과교육연구》, 24(4), 51~73쪽.

정순둘 외(2022). "59세 이하 성인 집단의 노인 혐오표현을 접한 경험 정도가 노인 차별행위에 미치는 영향: 노인 낙인인식의 매개효과". 《노인복지연구》, 77(2), 183~218쪽.

한국갤럽(2022). 《2022년 혐오표현 관련 대국민 인식 조사》. 문화체육관광부.

**남길임**

연세대학교 국어국문학과 교수다. 동 대학교에서 학부를 마치고 석사와 박사 학위를 받았다. 《연세한국어사전》(1998), 《외국인을 위한 한국어학습사전》(2006), 네이버 한국어 일상표현 사전(2020) 등 사전 편찬과 '부적절 표현 탐지 및 교정을 위한 한국어 형태소 분석·처리 서비스 개발 등 말뭉치 구축 및 연구', 'LLMs, 교육용 말뭉치, 인간 교육 전문가의 협업을 통한 어휘 교육 방안 연구' 등을 수행 중이다. 인공지능 시대 인간 언어의 유창성을 밝히는 것, 설명 가능성과 재현 가능성을 위한 말뭉치언어학 연구에 관심이 있다. 현재 국어심의회 위원, 아시아사전학회 회장, 한국어의미학회 편집위원장 등을 맡고 있다. 대표 논저로는 "이론으로서의 말뭉치언어학에 대한 연구 현황과 쟁점"(2014), 《현대신어연구》(2022) 등이 있다.

**송현주**

경북대학교 국어교육과 교수다. 동 대학교에서 학부를 마치고 석사와 박사 학위를 받았다. 현재 'LLMs, 교육용 말뭉치, 인간 교육 전문가의 협업을 통한 어휘 교육 방안 연구', '북한 언어의 사용 실태 조사와 북한 최신어 채집' 사업에 참여하고 있다. 인공지능 시대의 혐오 표현의 유형 및 사용 양상, 인공지능을 활용한 어휘 교육에 관심이 있다. 대표 논저로는 "관용적 태도 함양을 위한 차별 표현 교육"(2023), "차별과 혐오 표현의 식별과 사전 활용의 쟁점"(2022), "차별 표현에 대한 국어교육 내용 연구"(2021) 등이 있다.